Ce Livre à Colorier Appartient à :

....

Date:

....

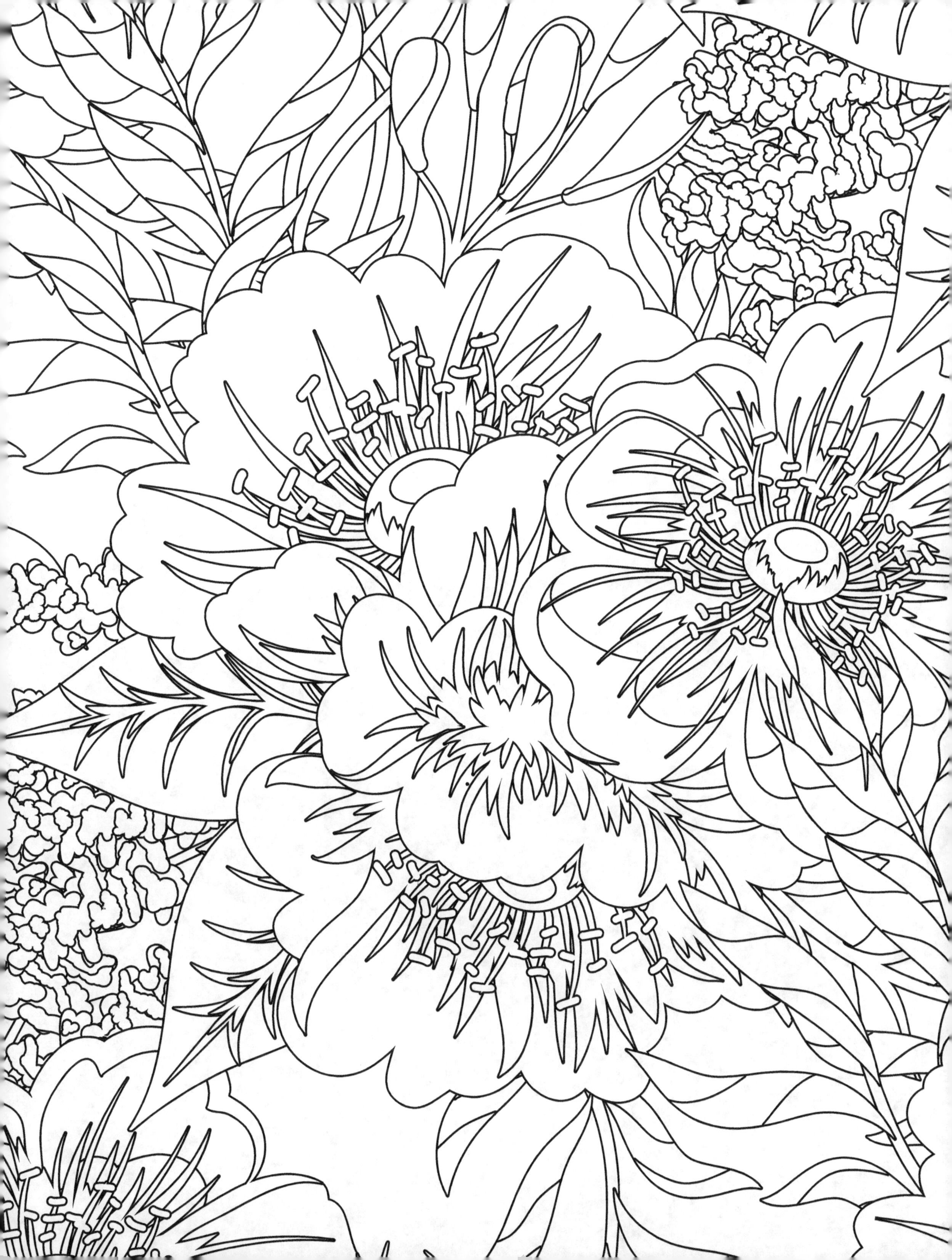

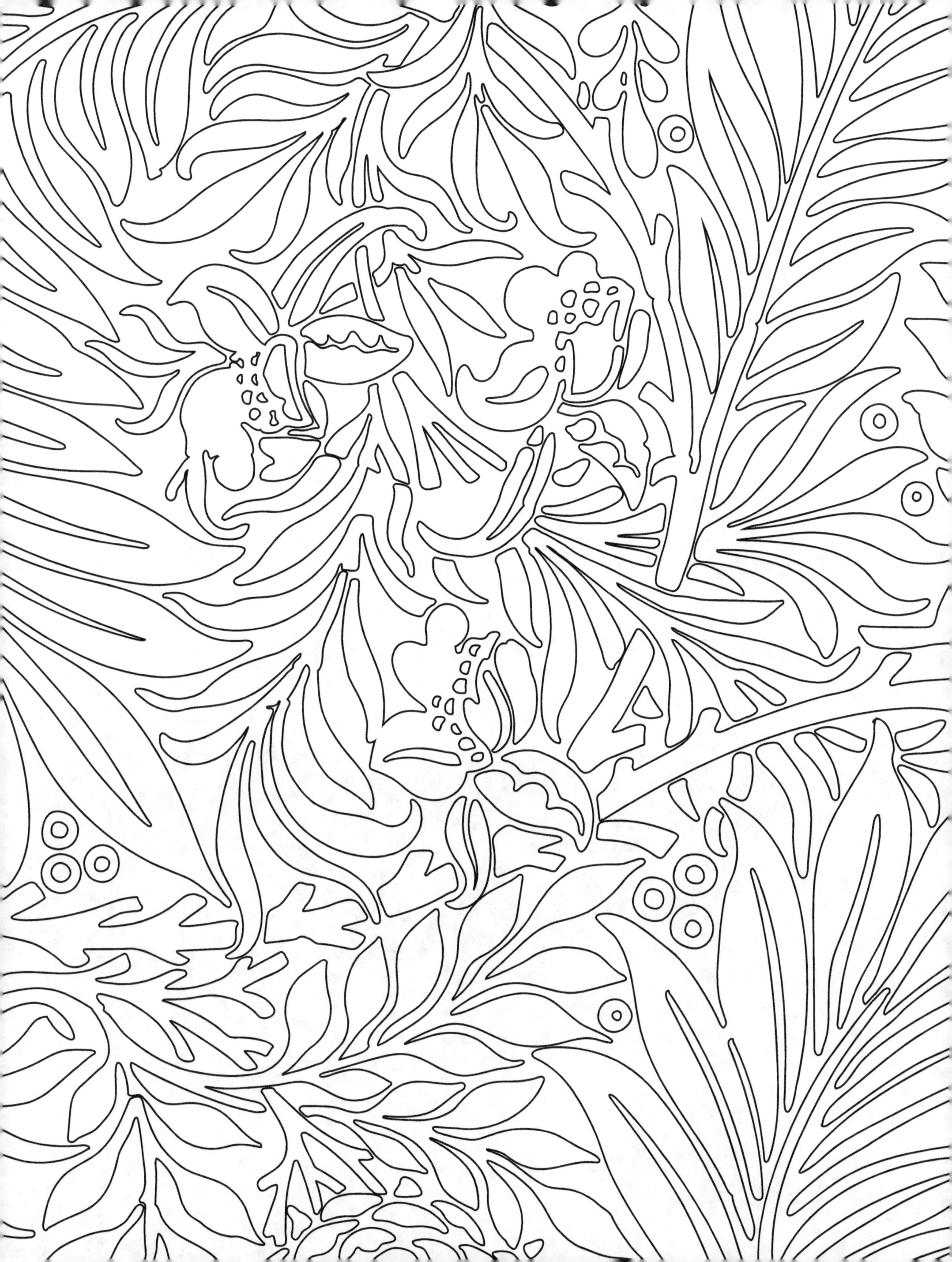

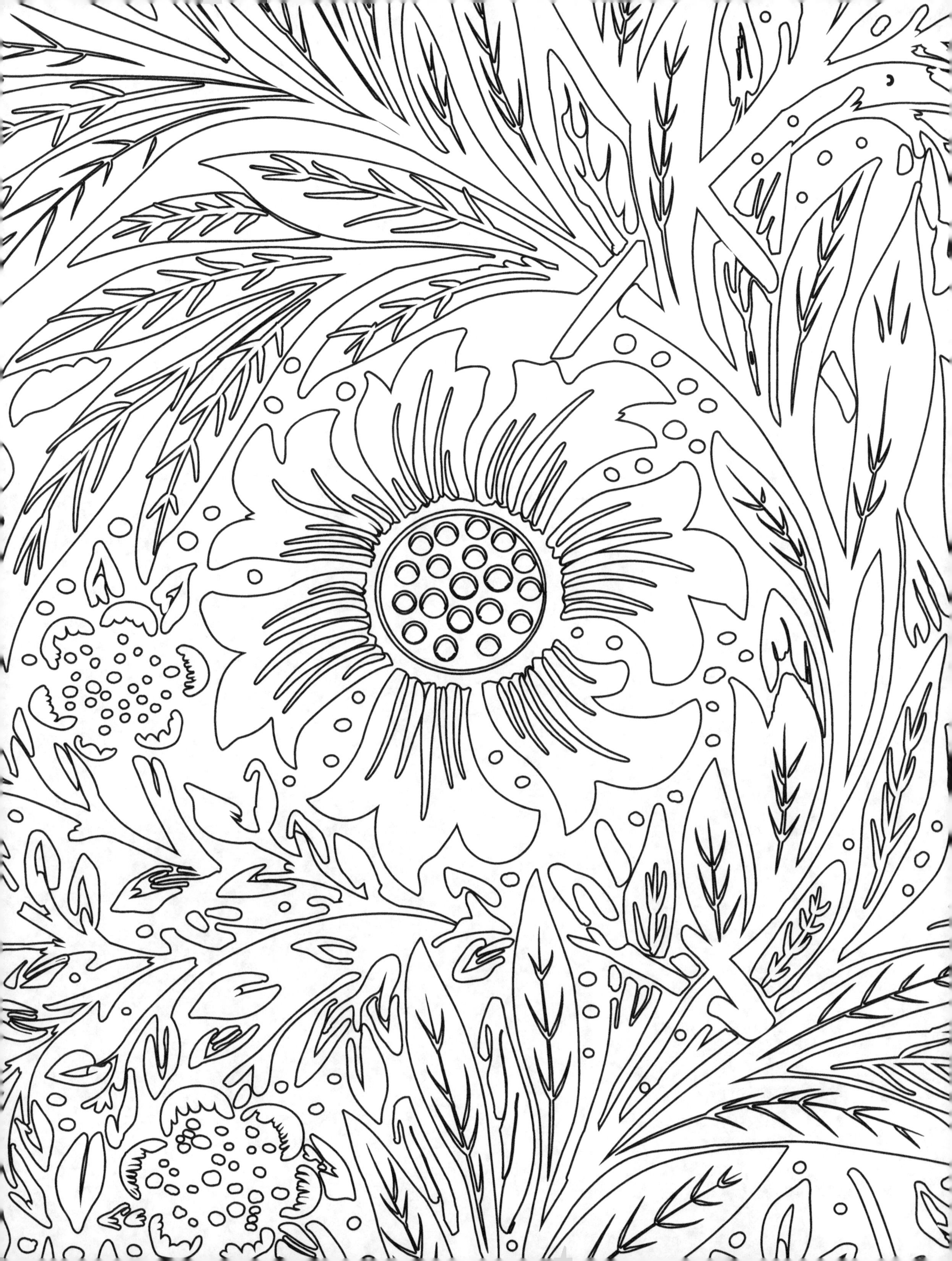

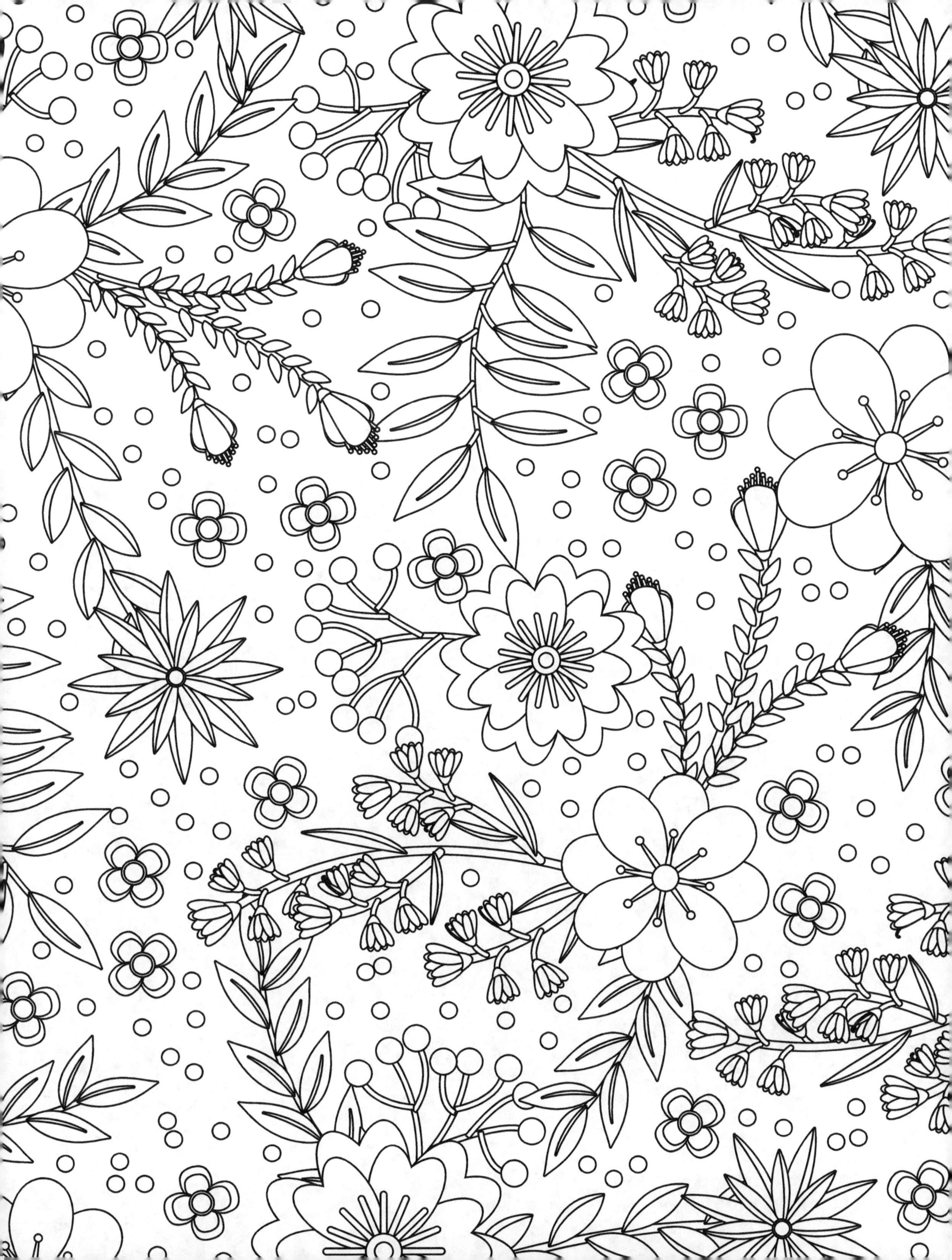

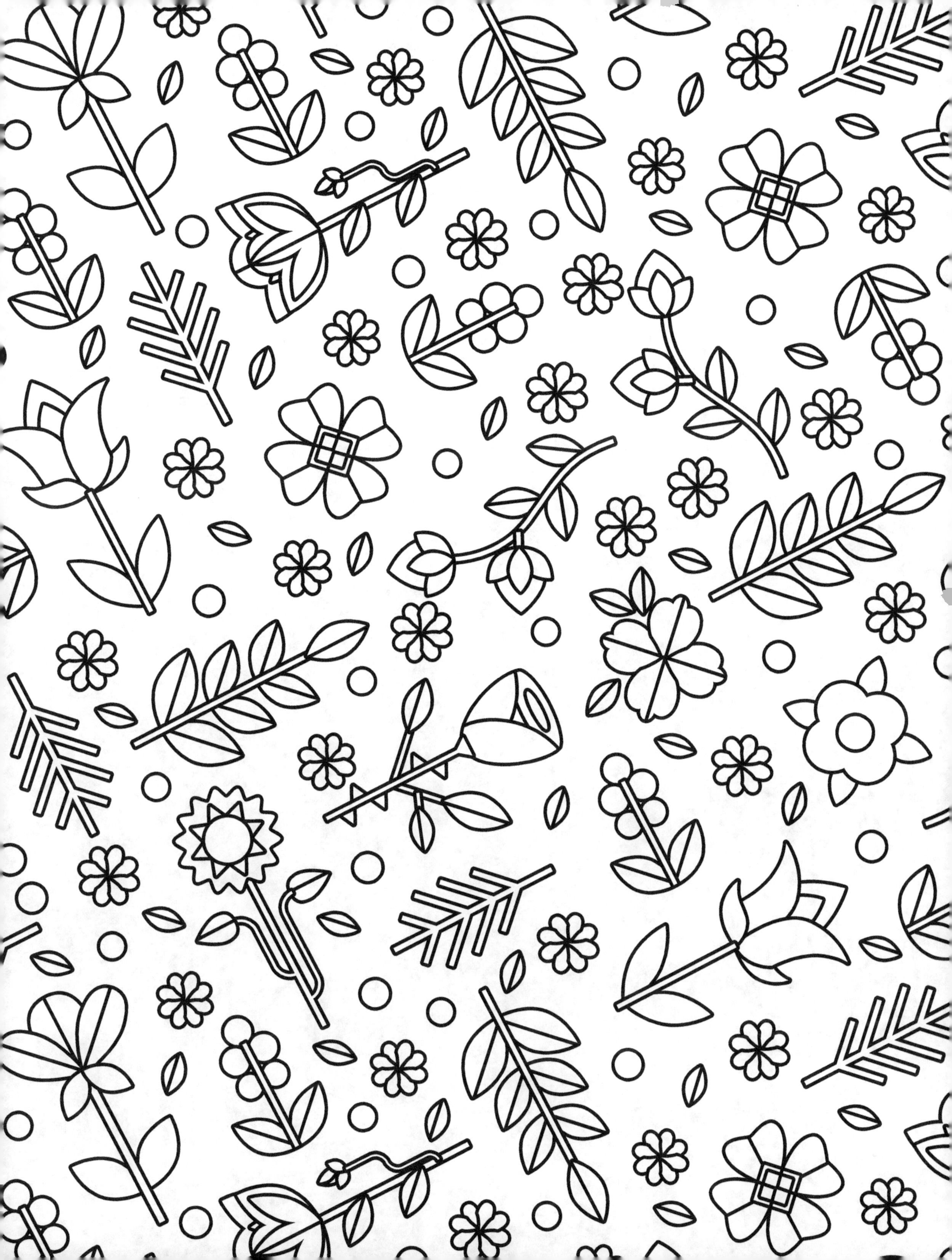

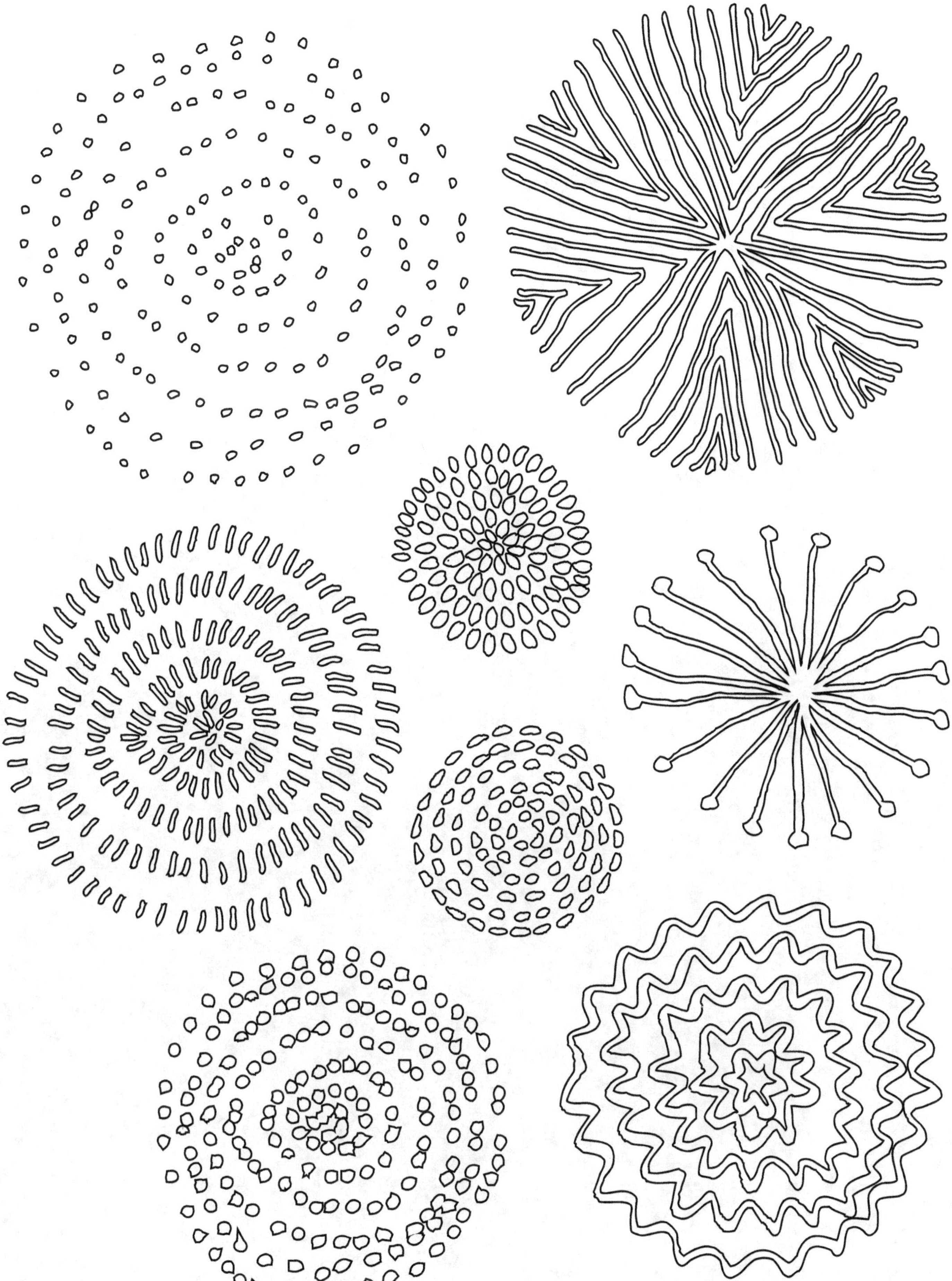

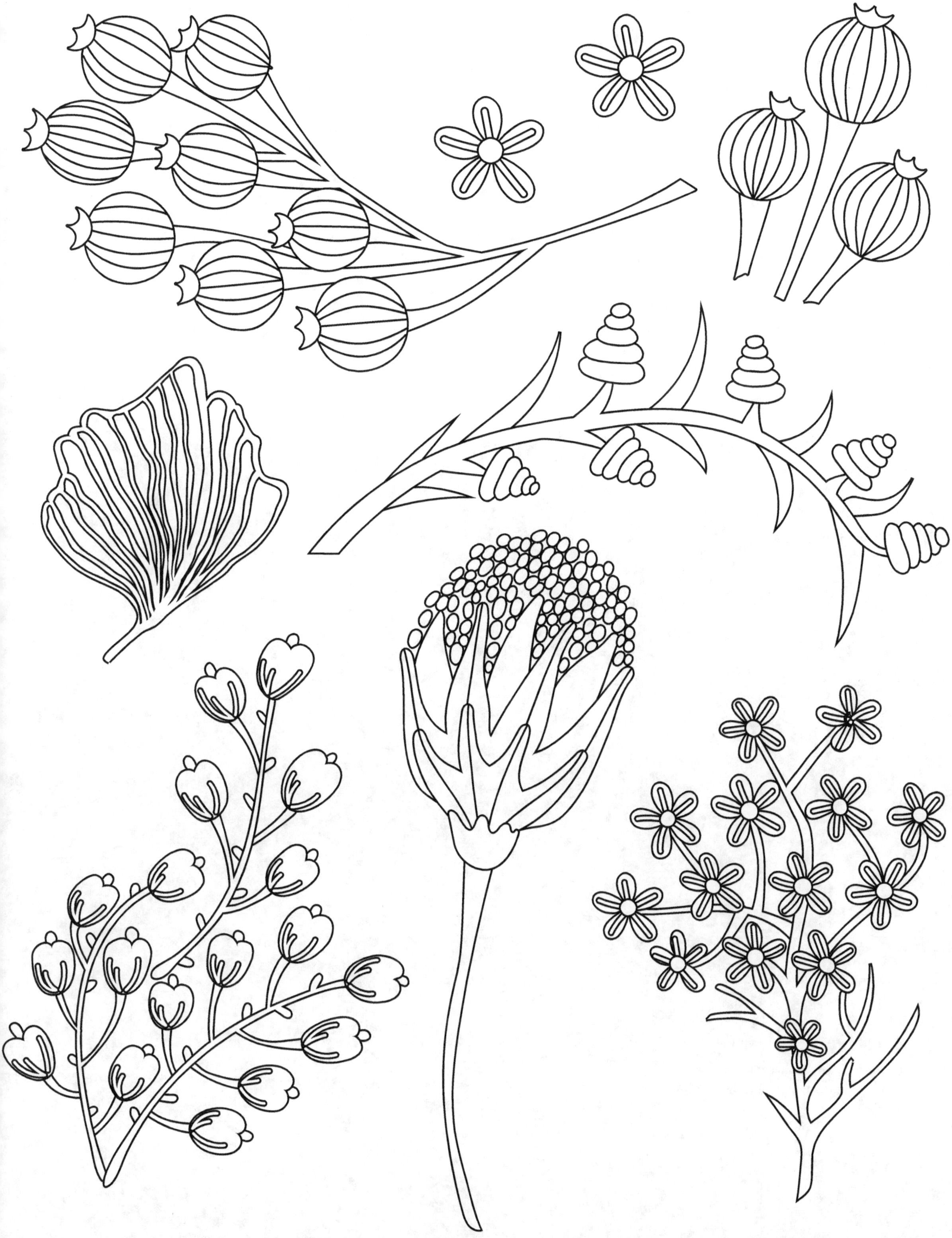

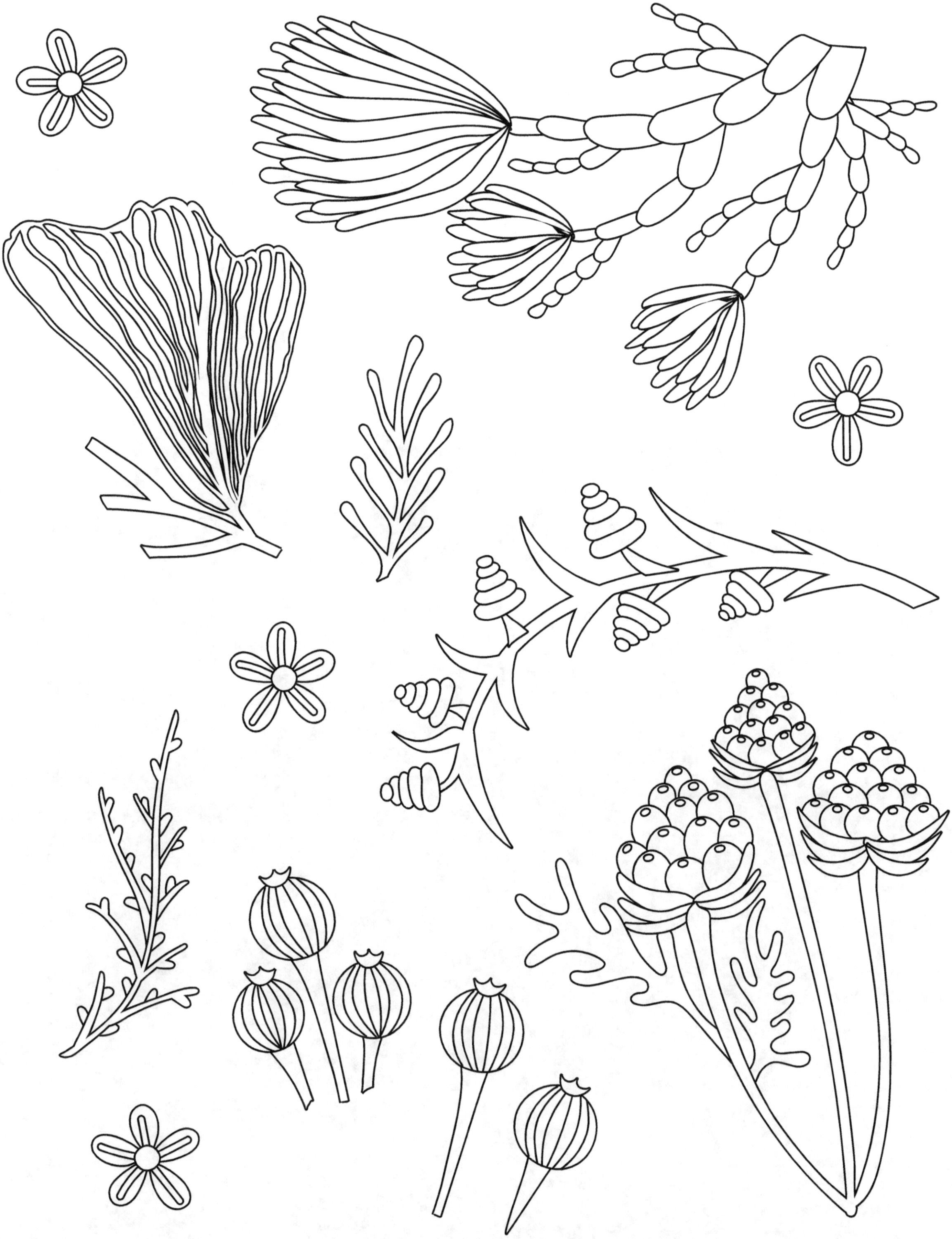

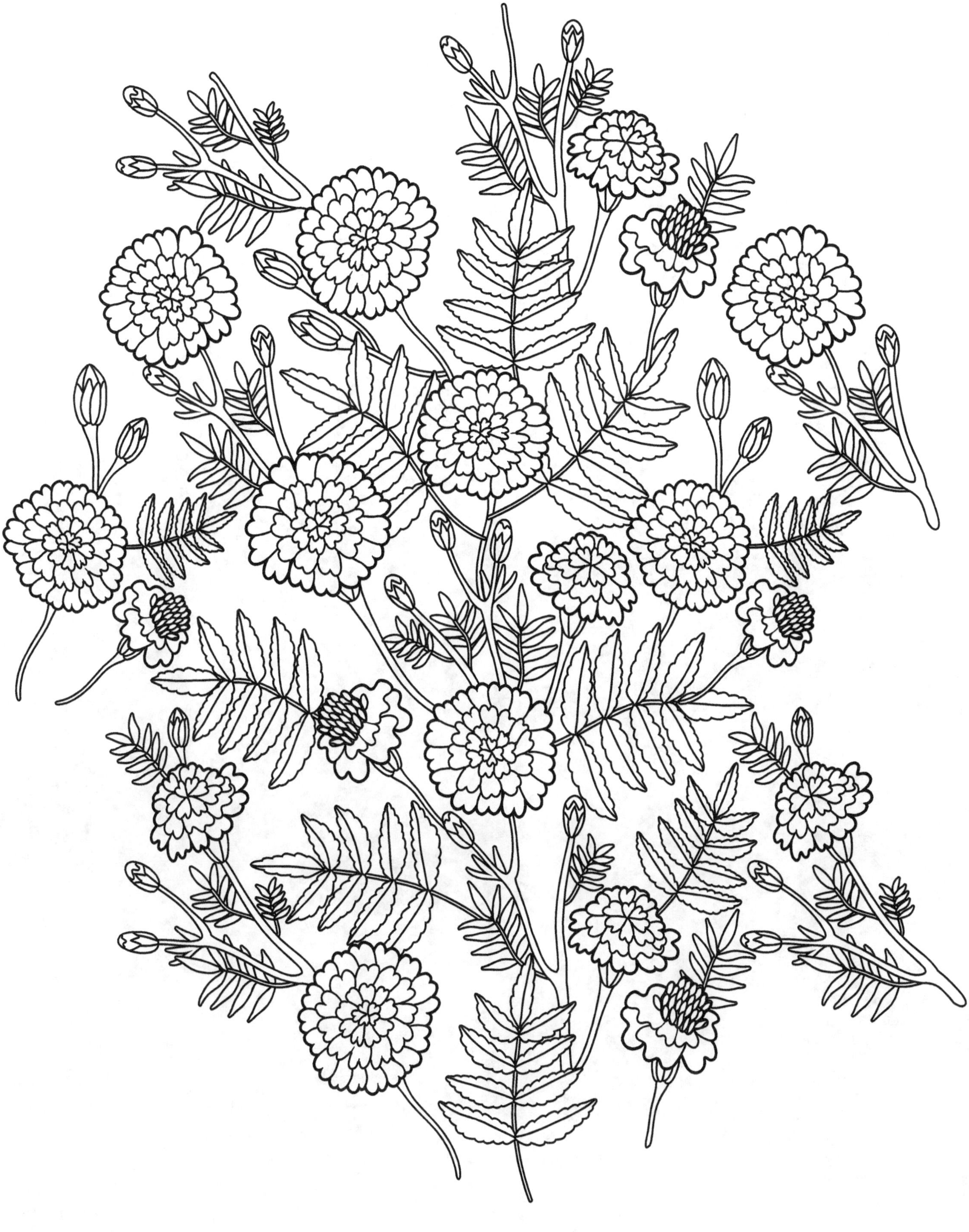

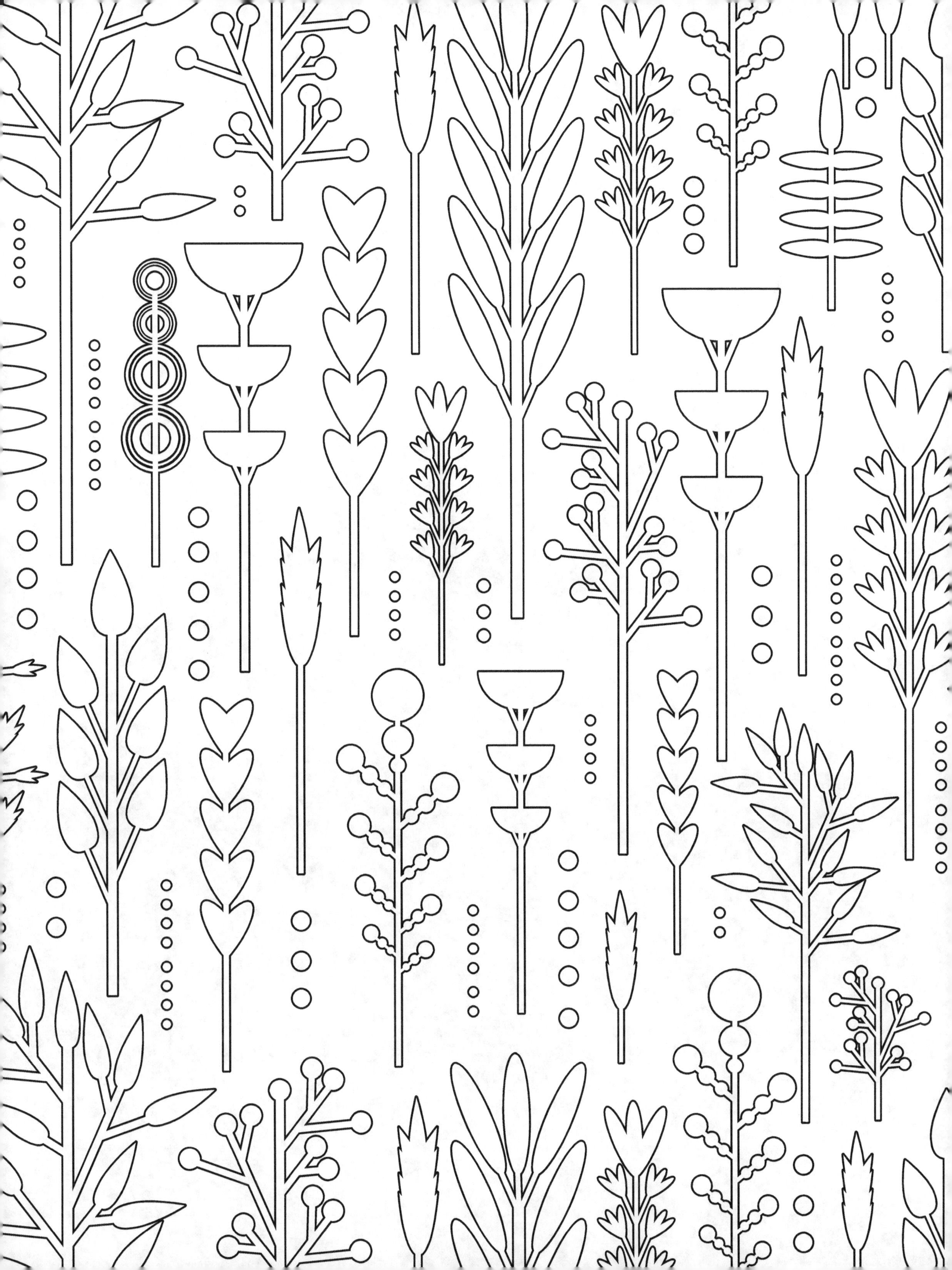

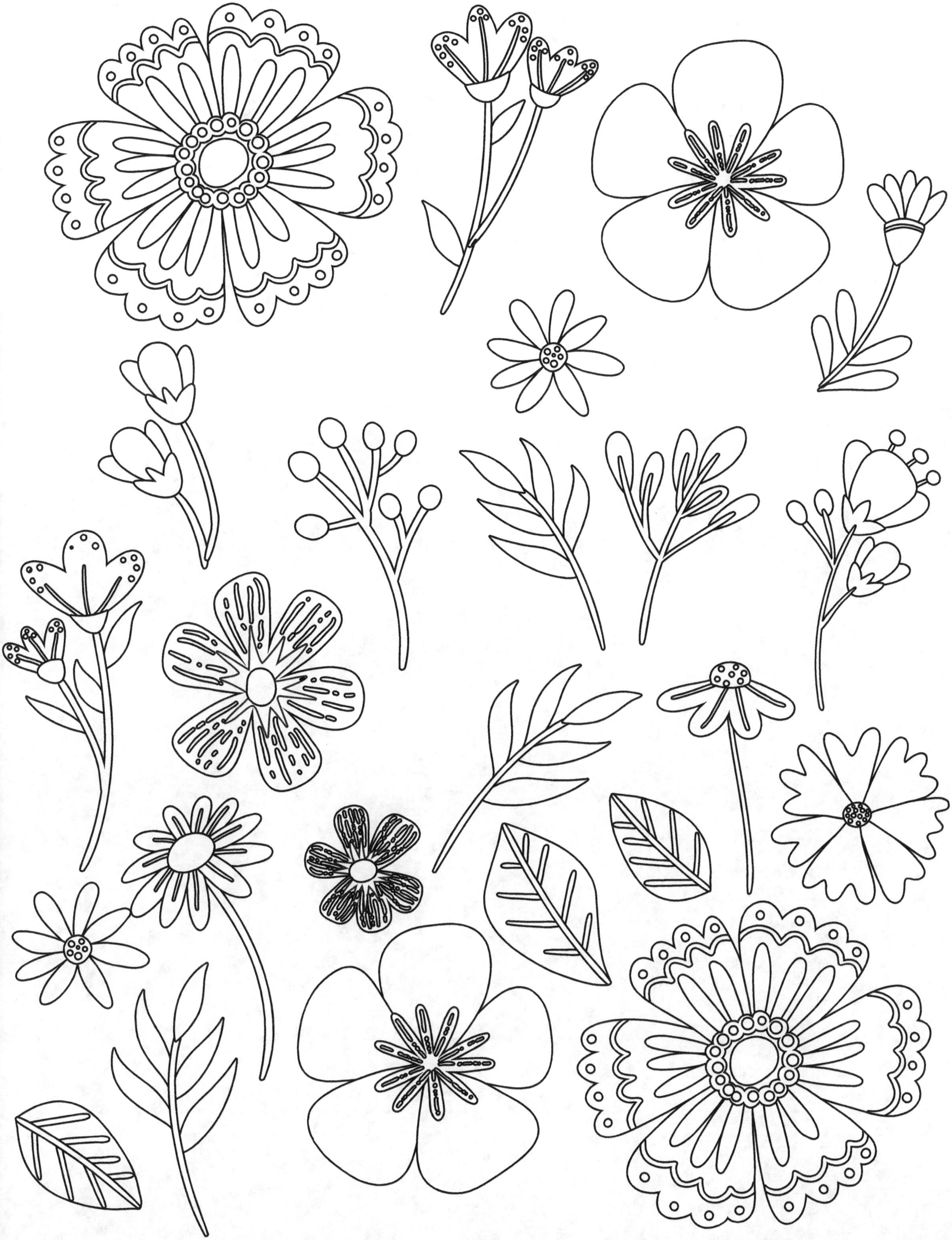

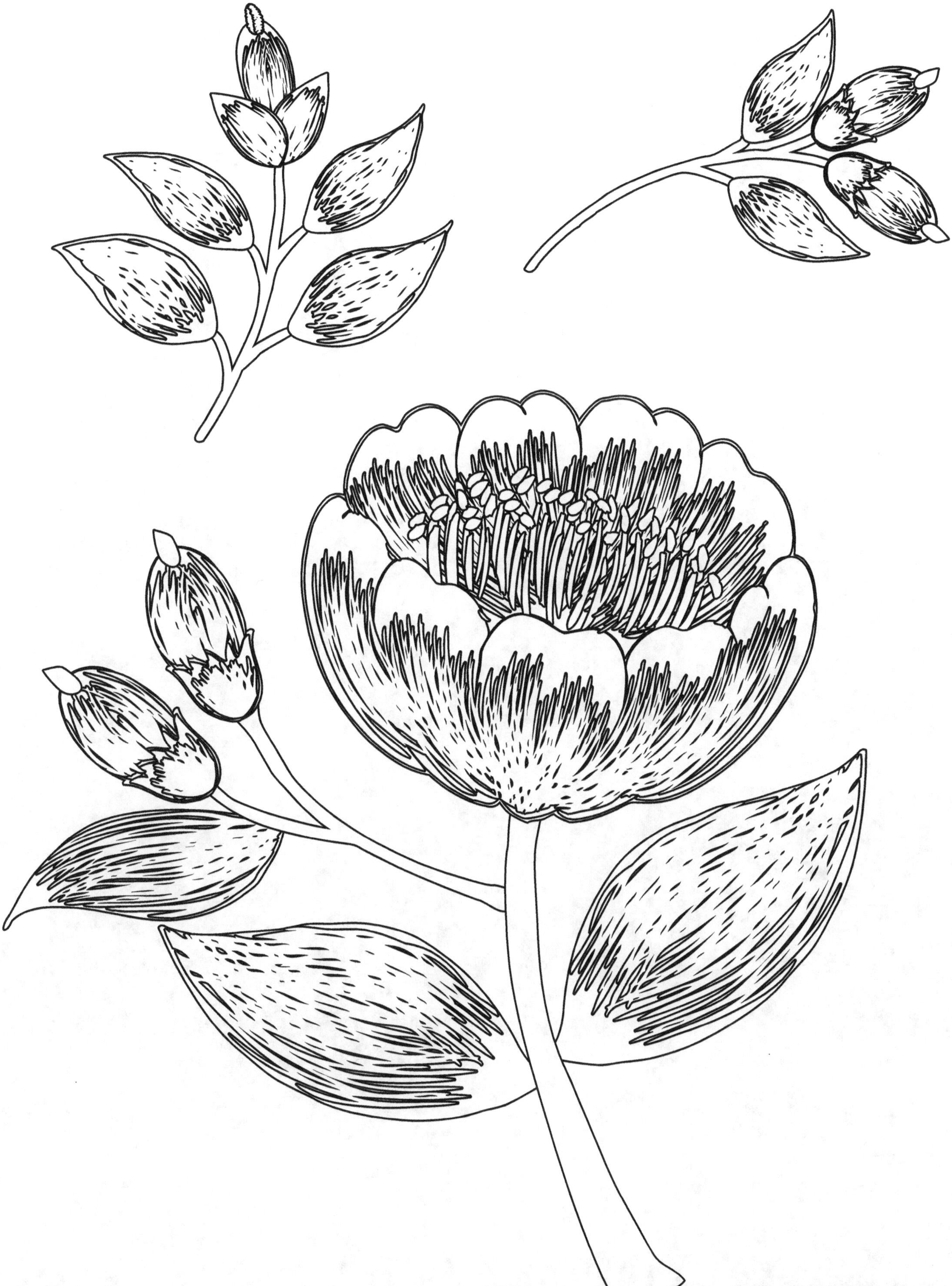

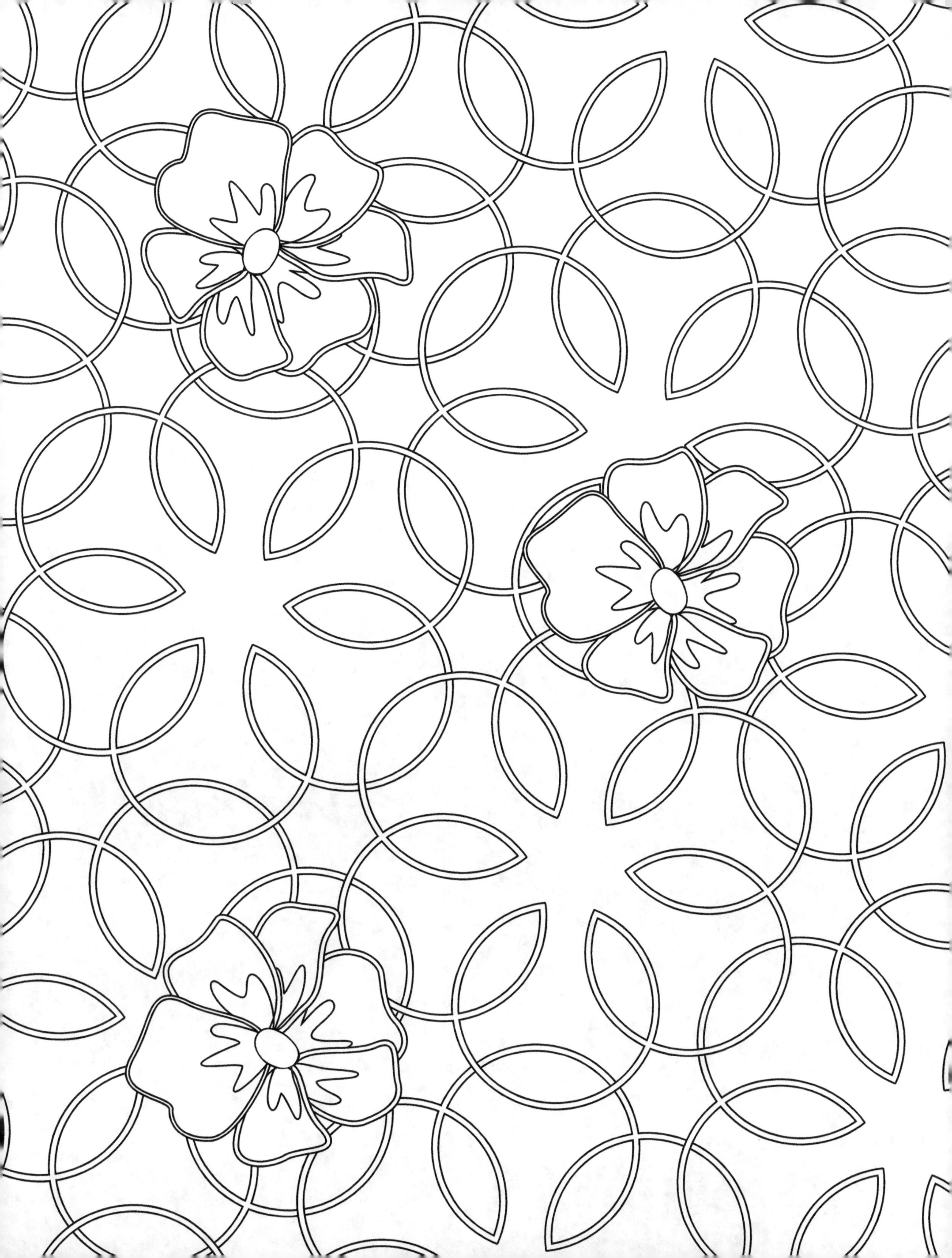

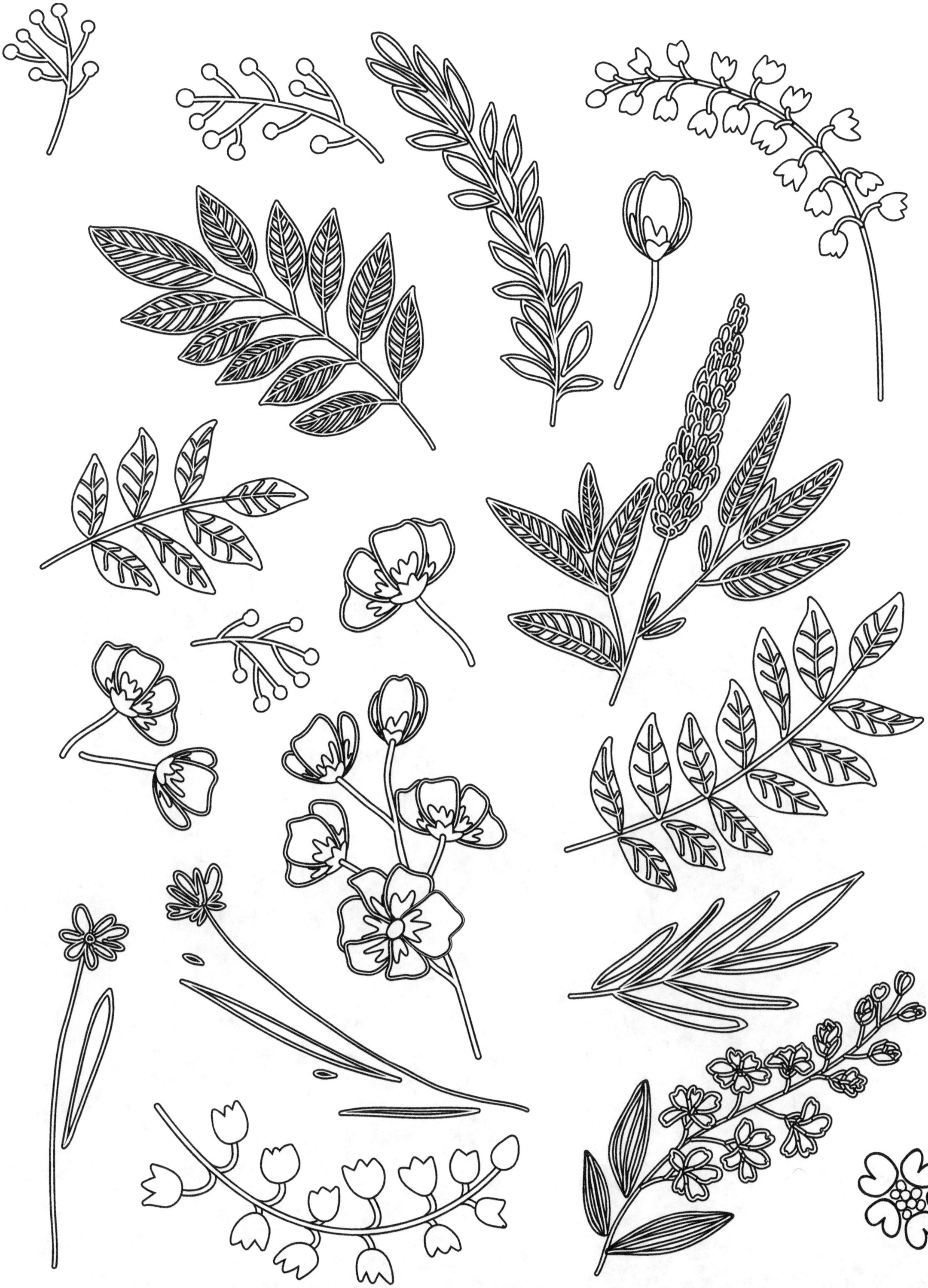

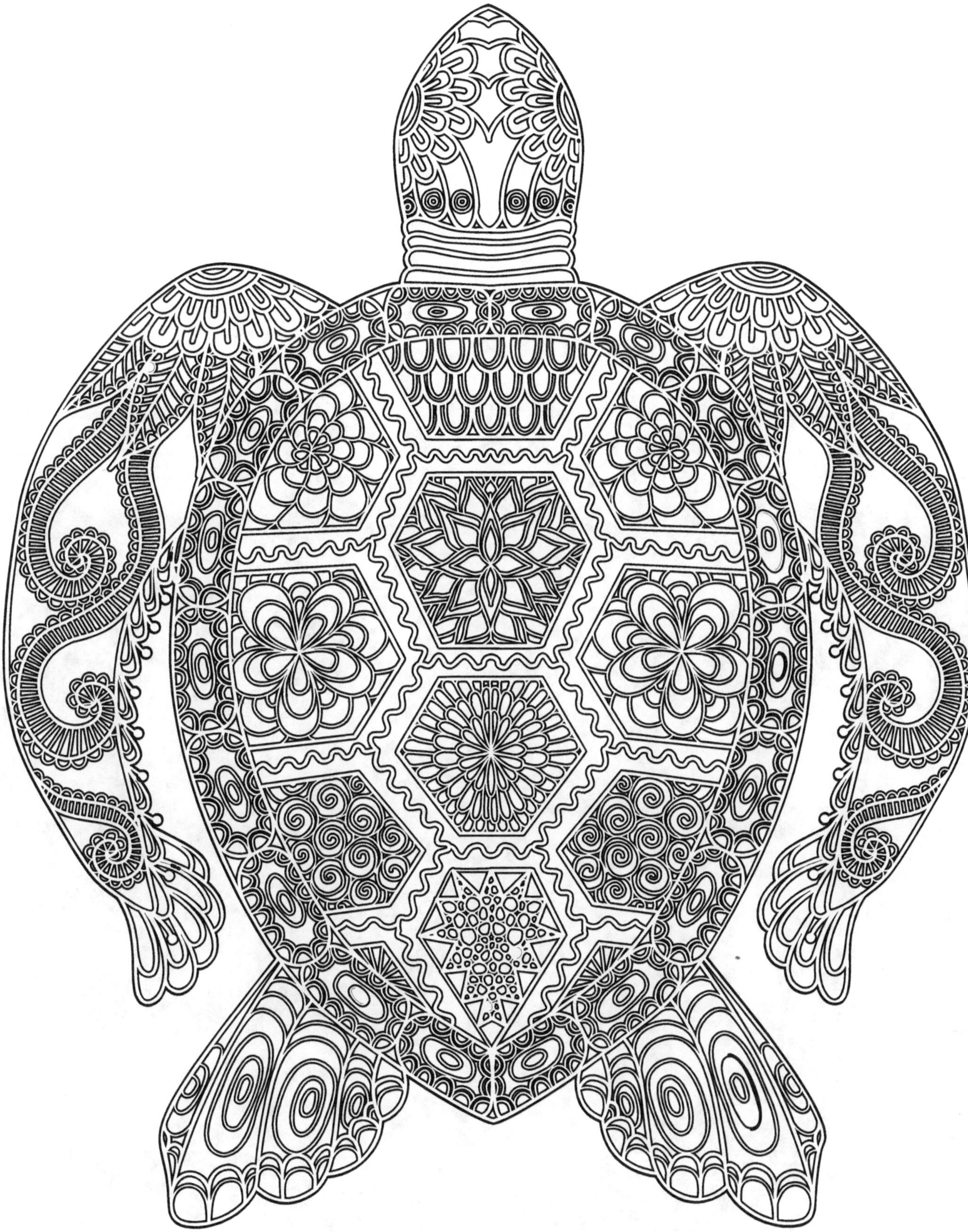

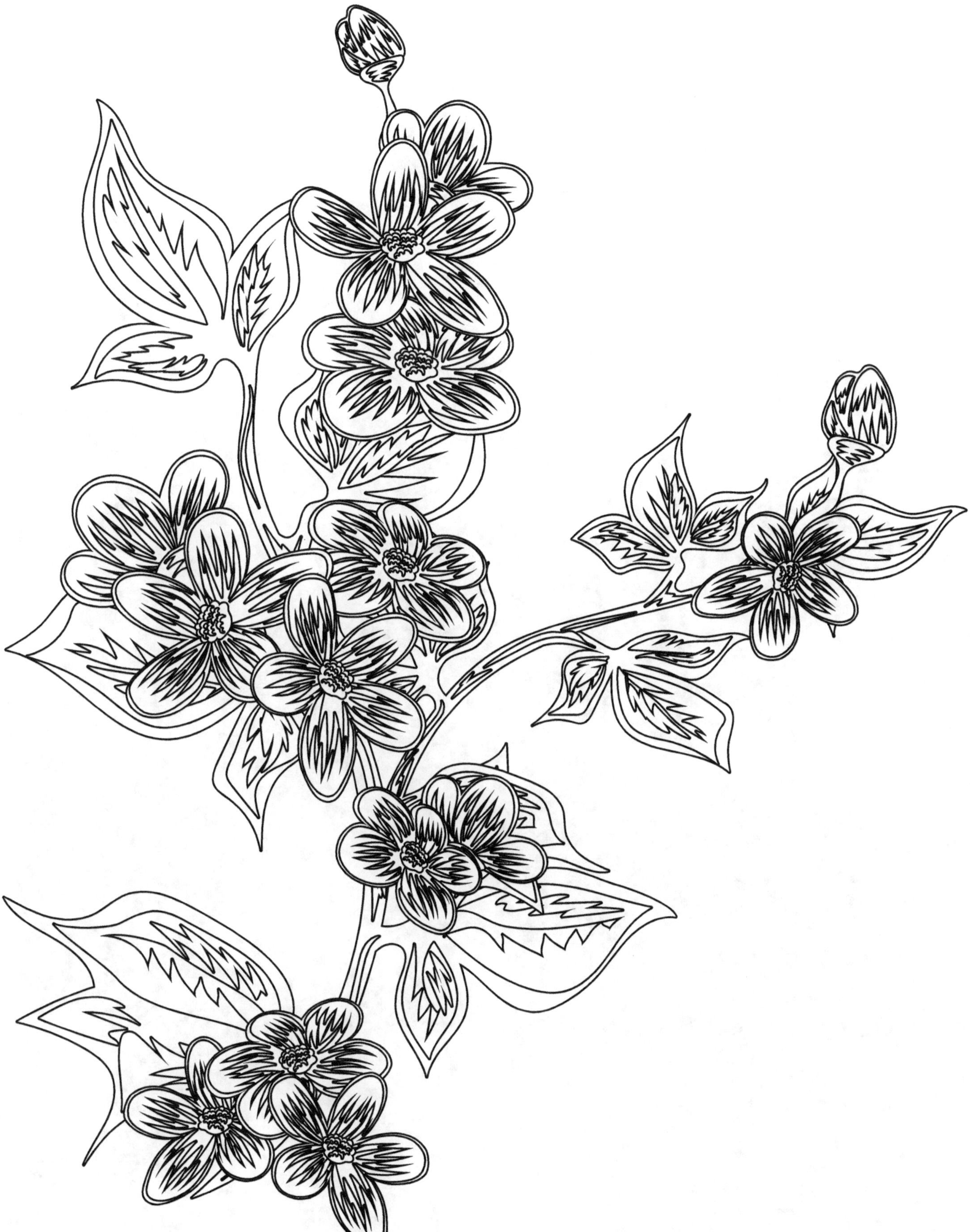

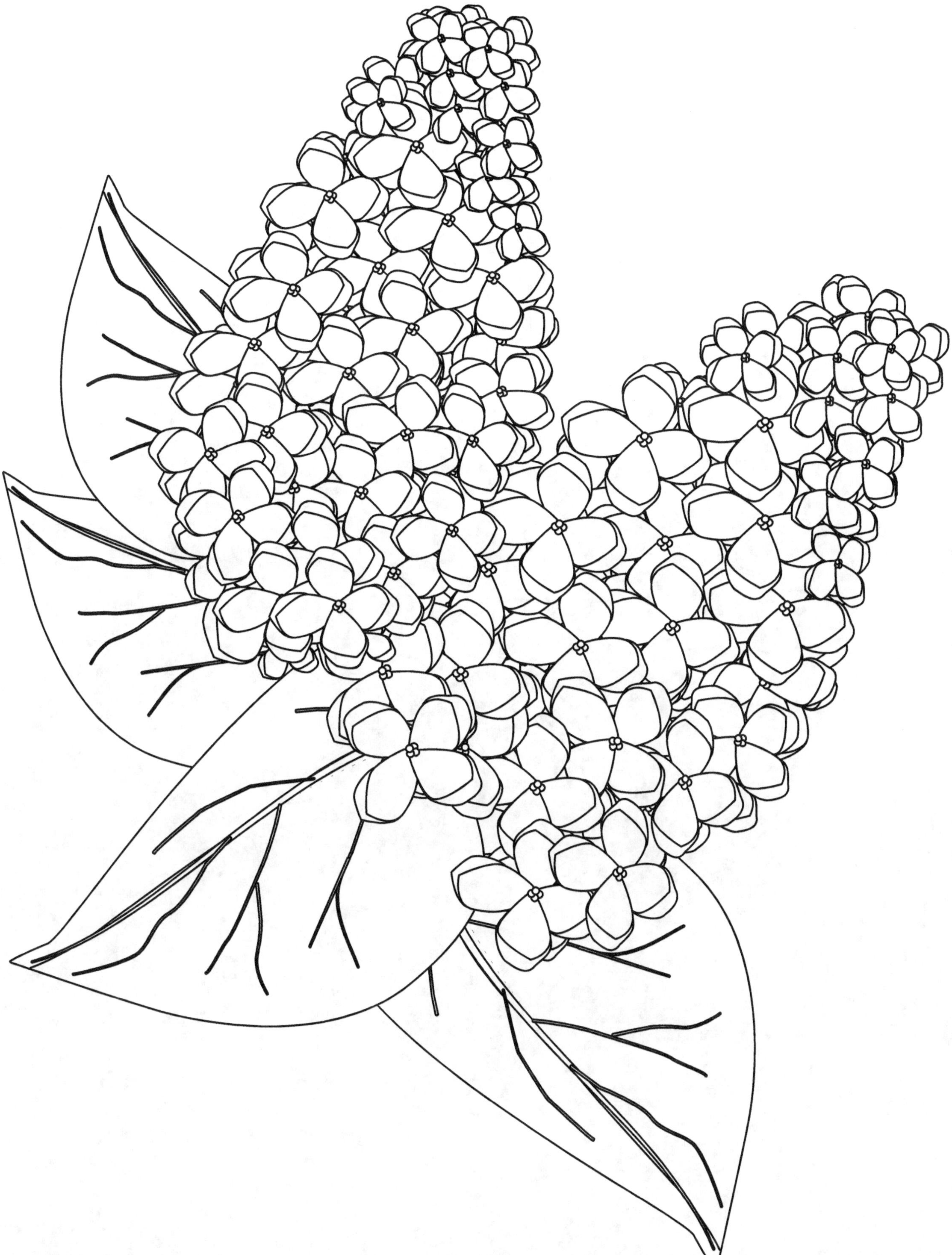

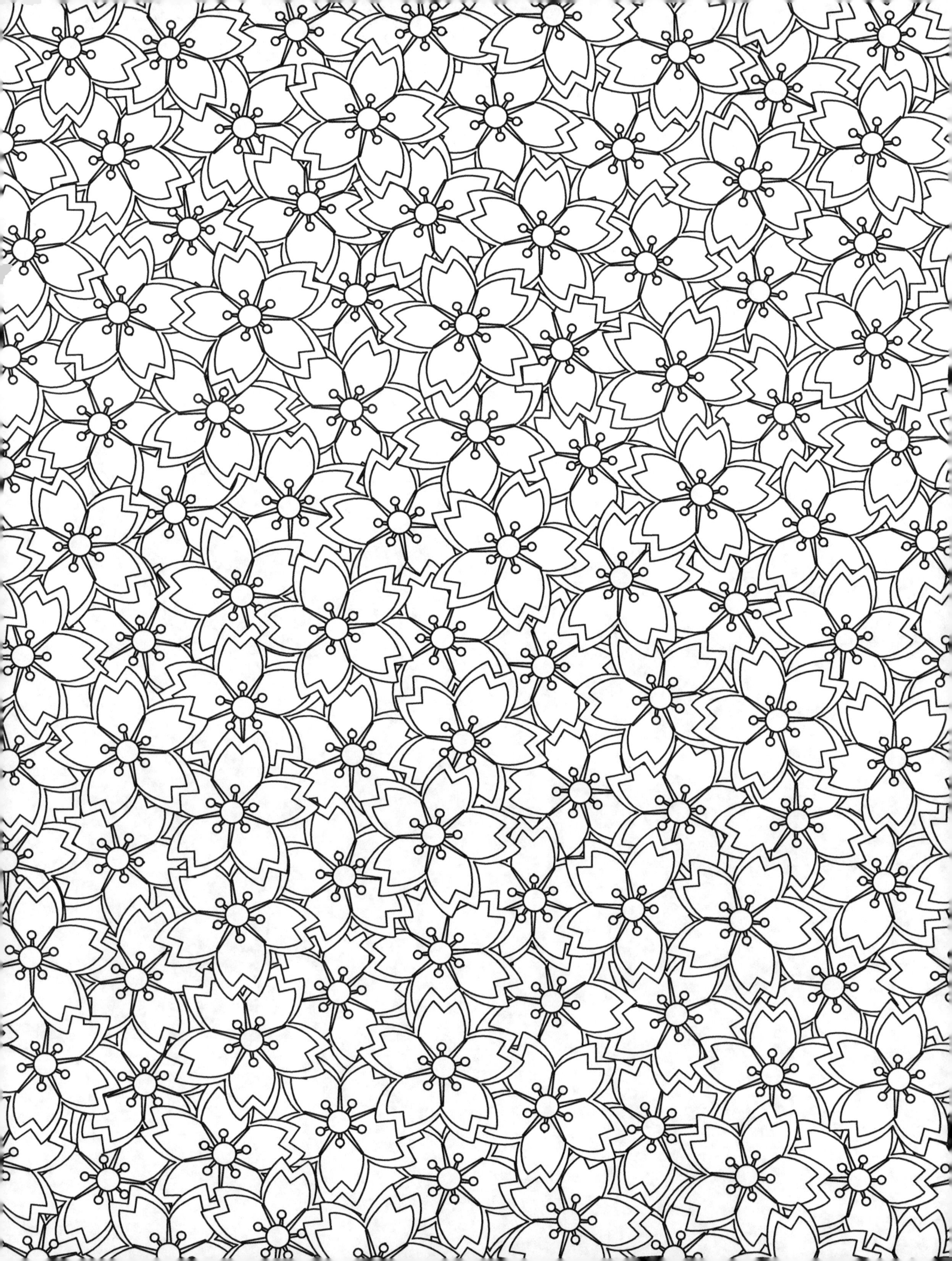

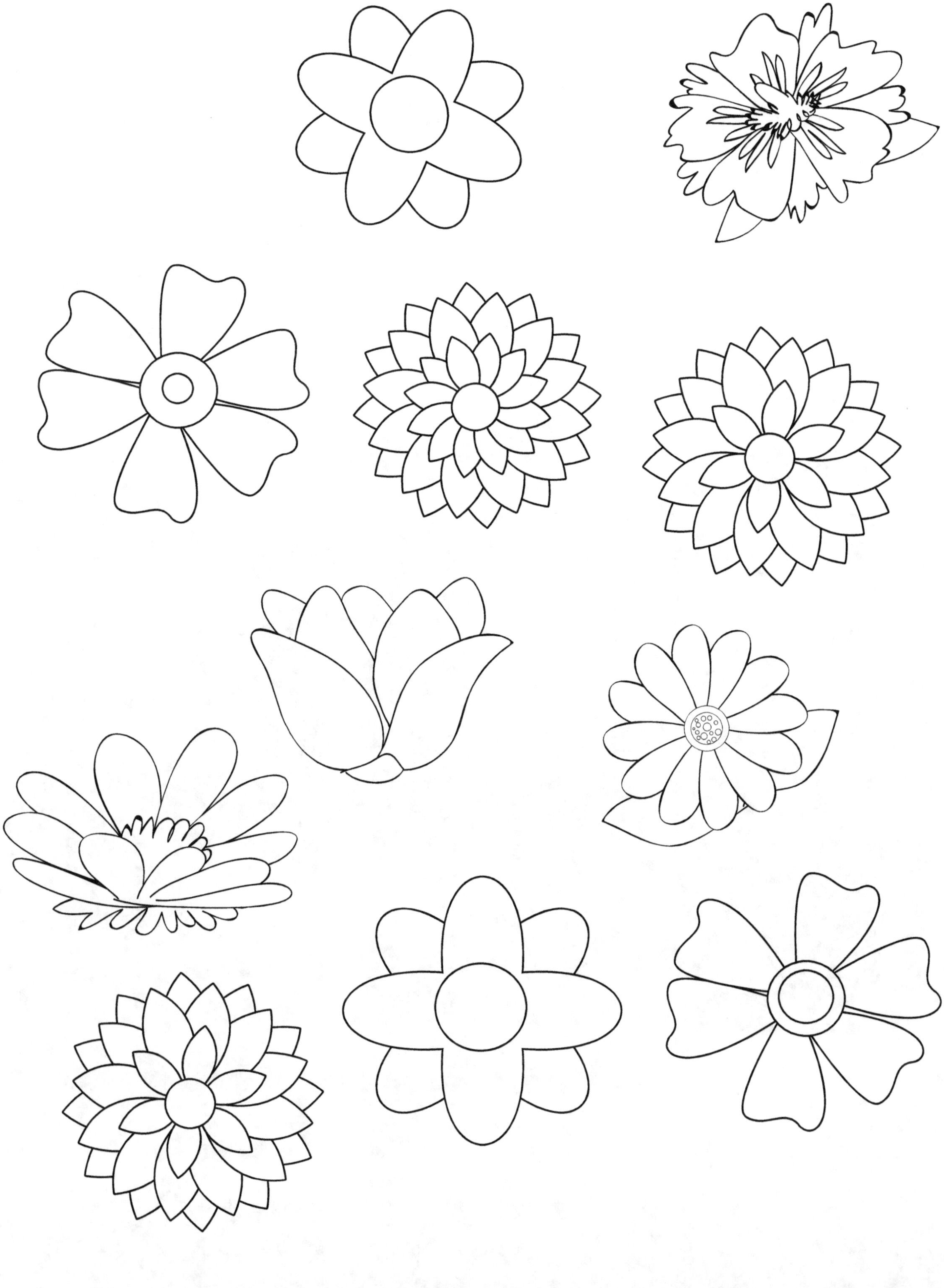

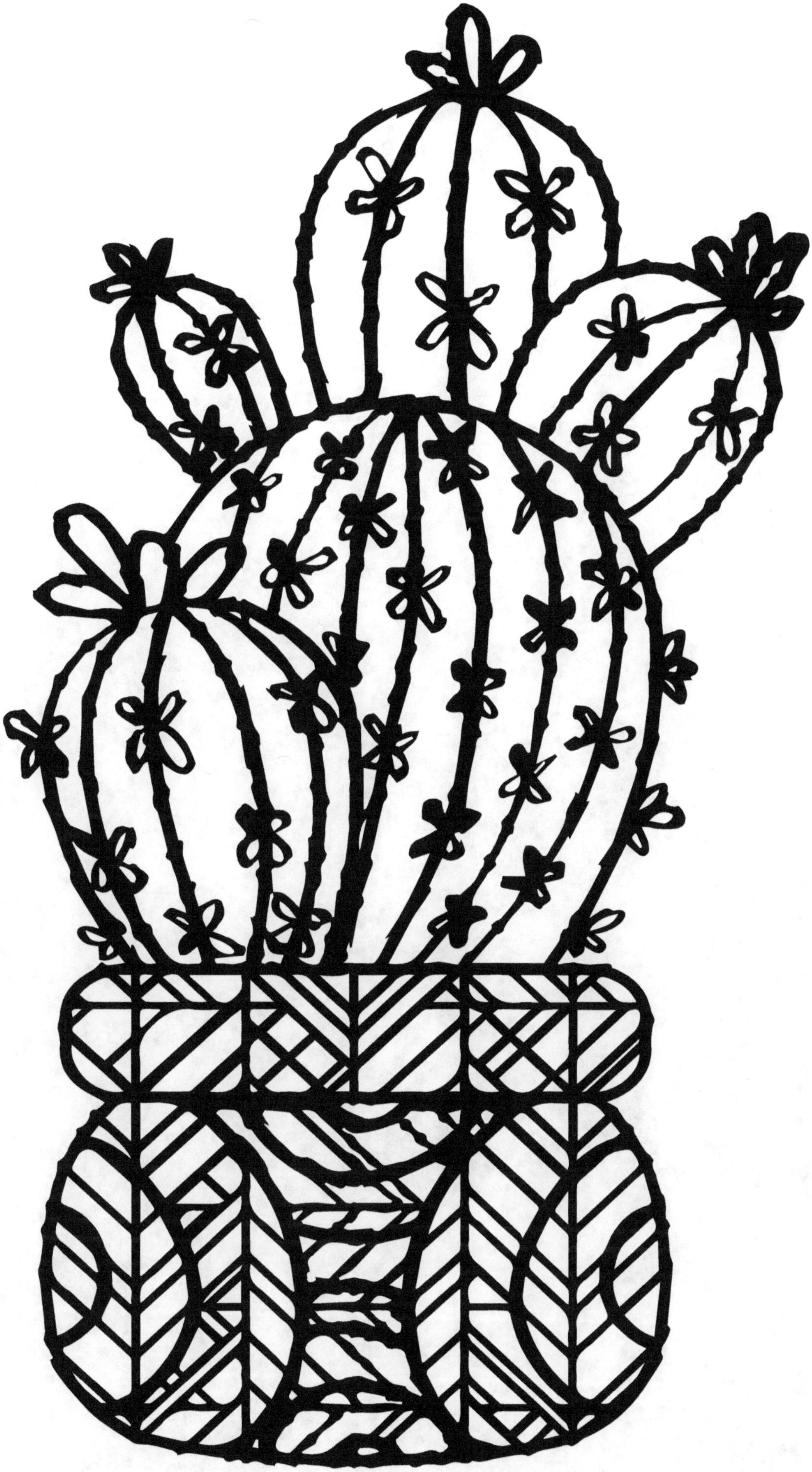

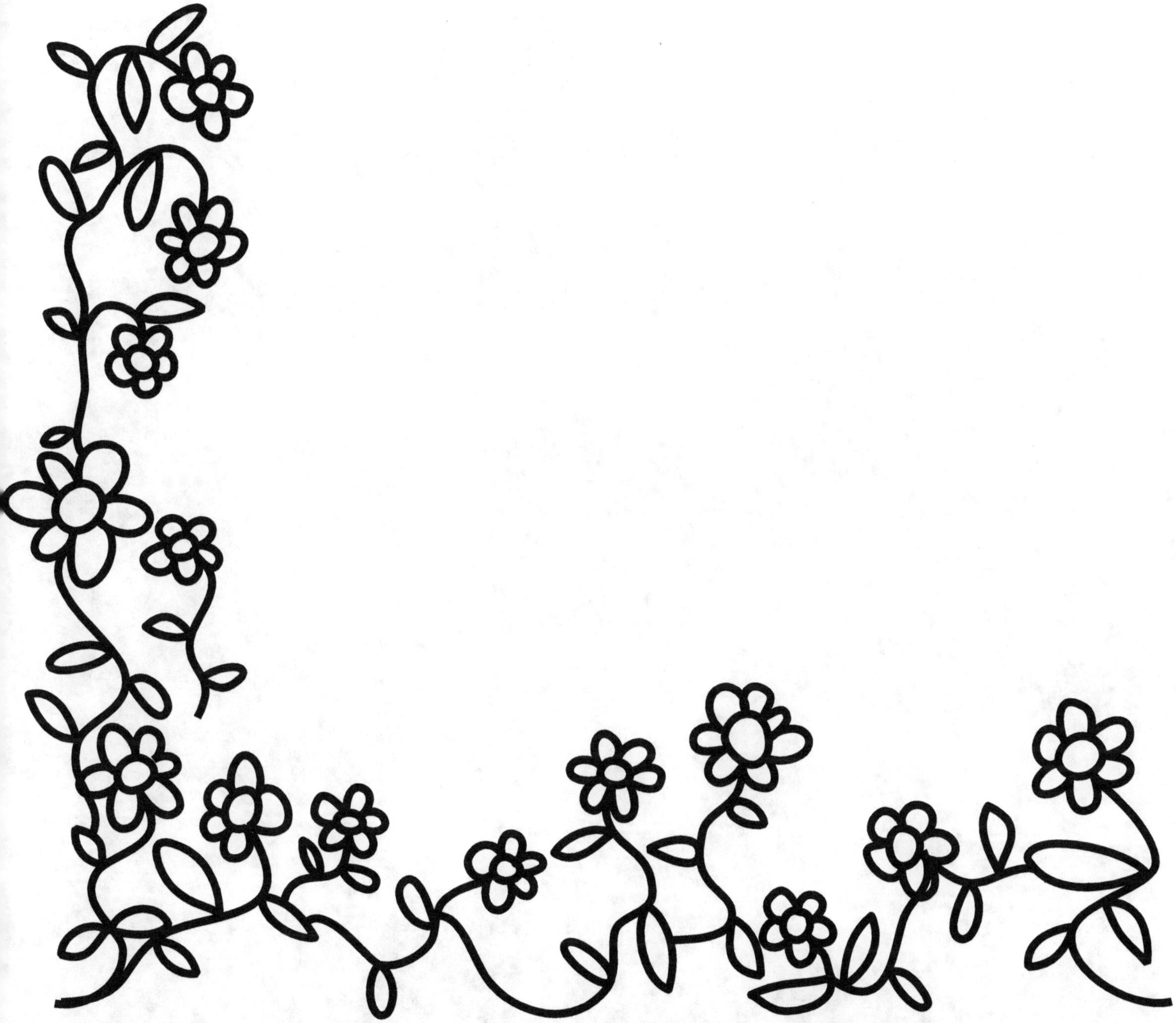

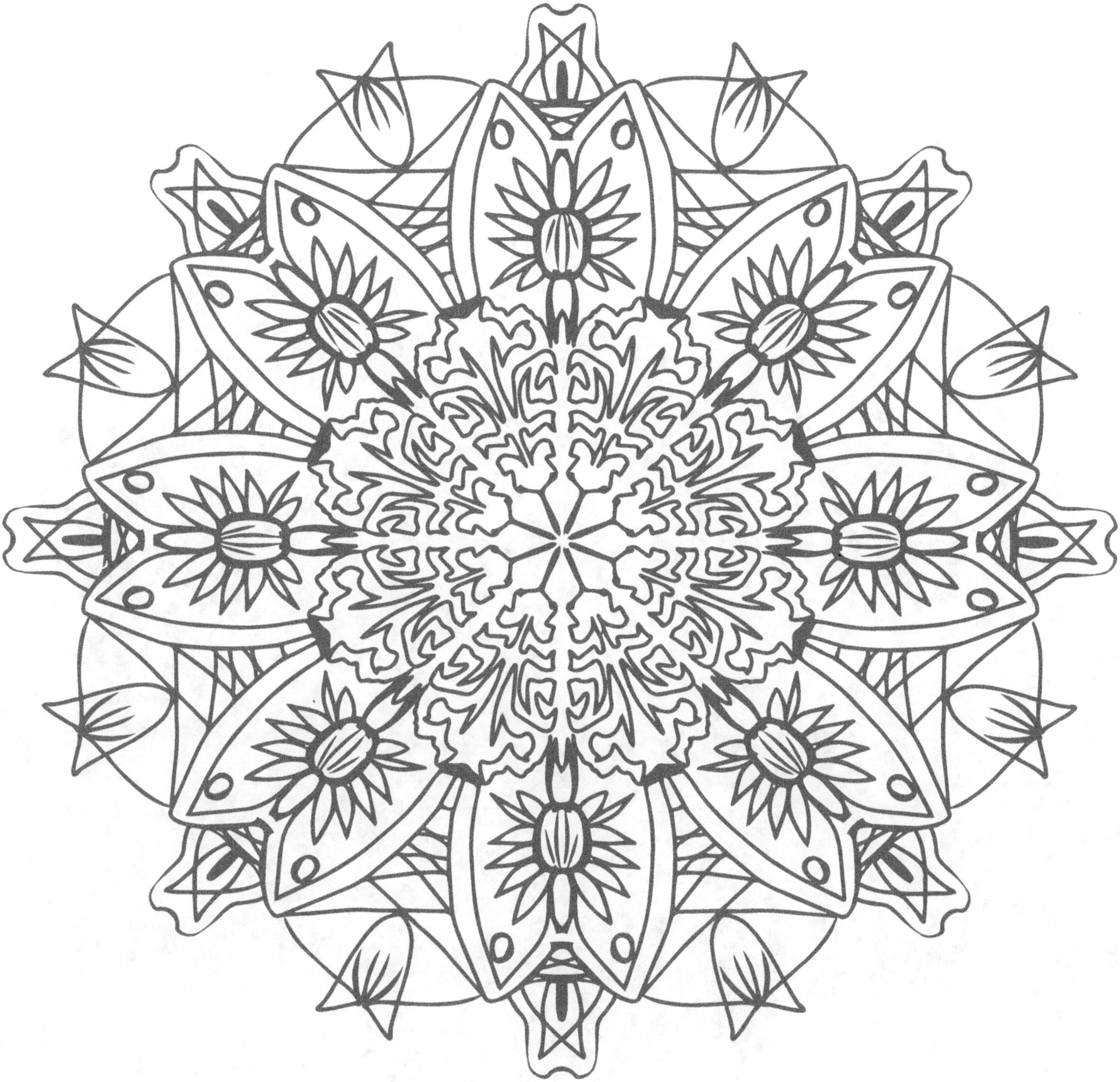

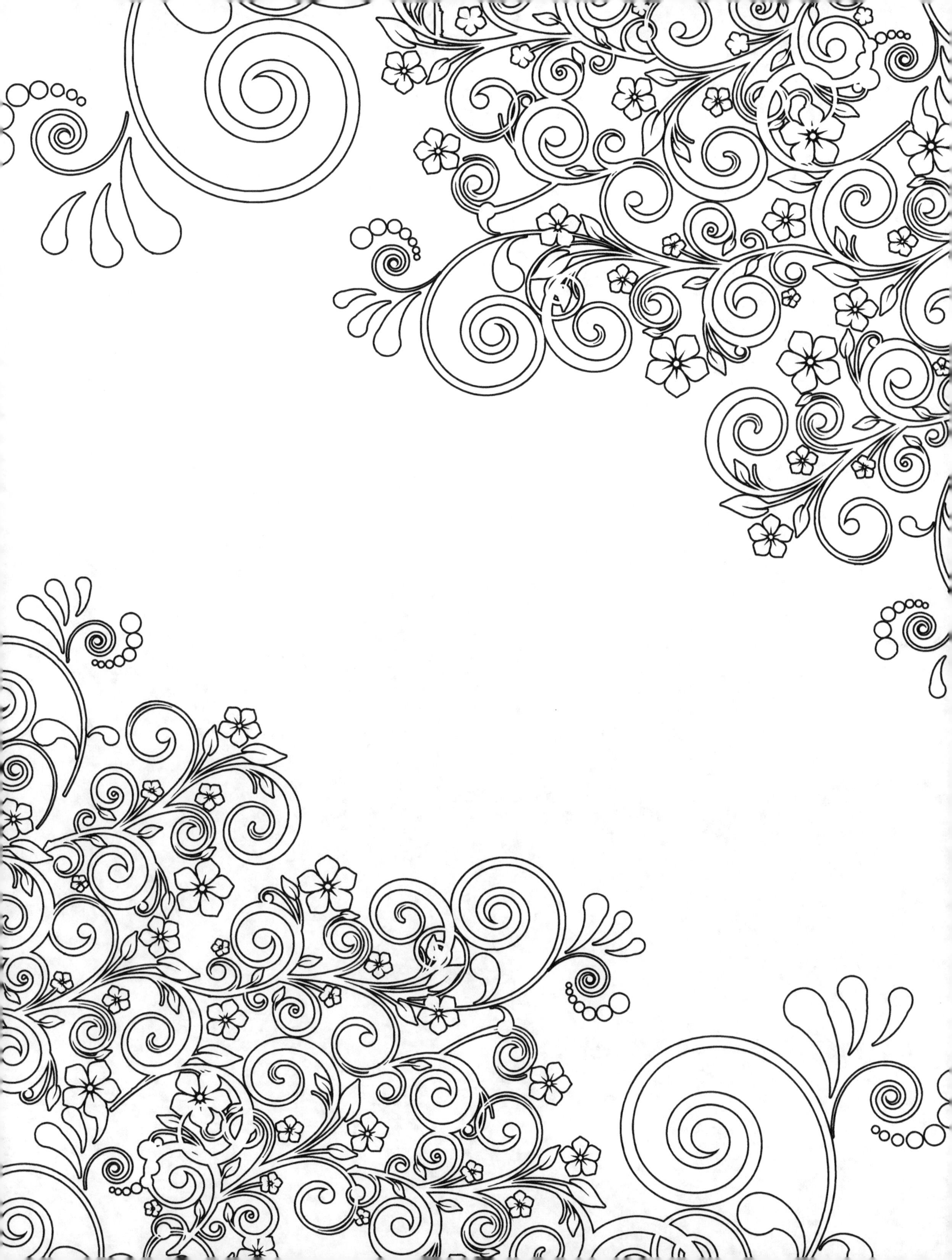

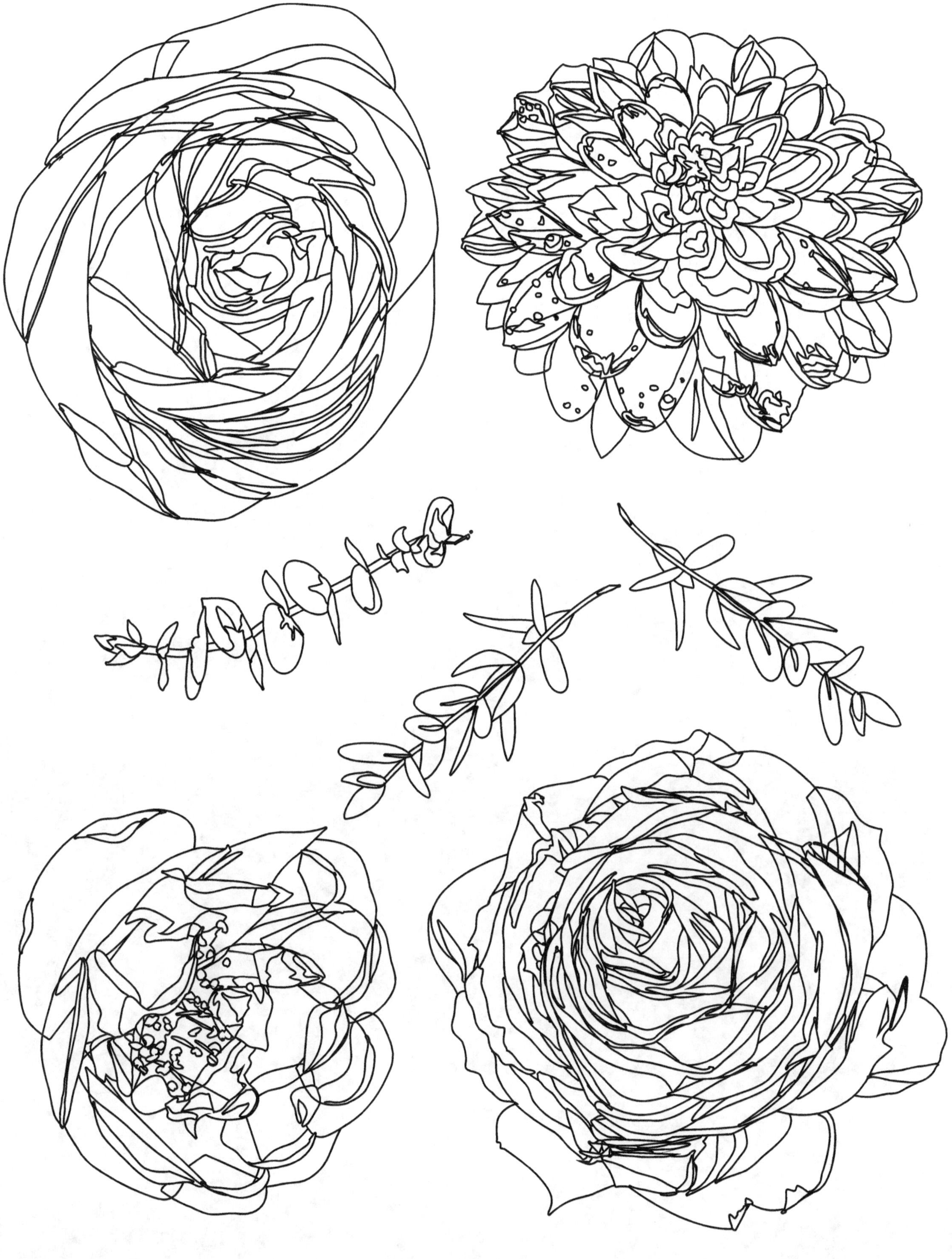

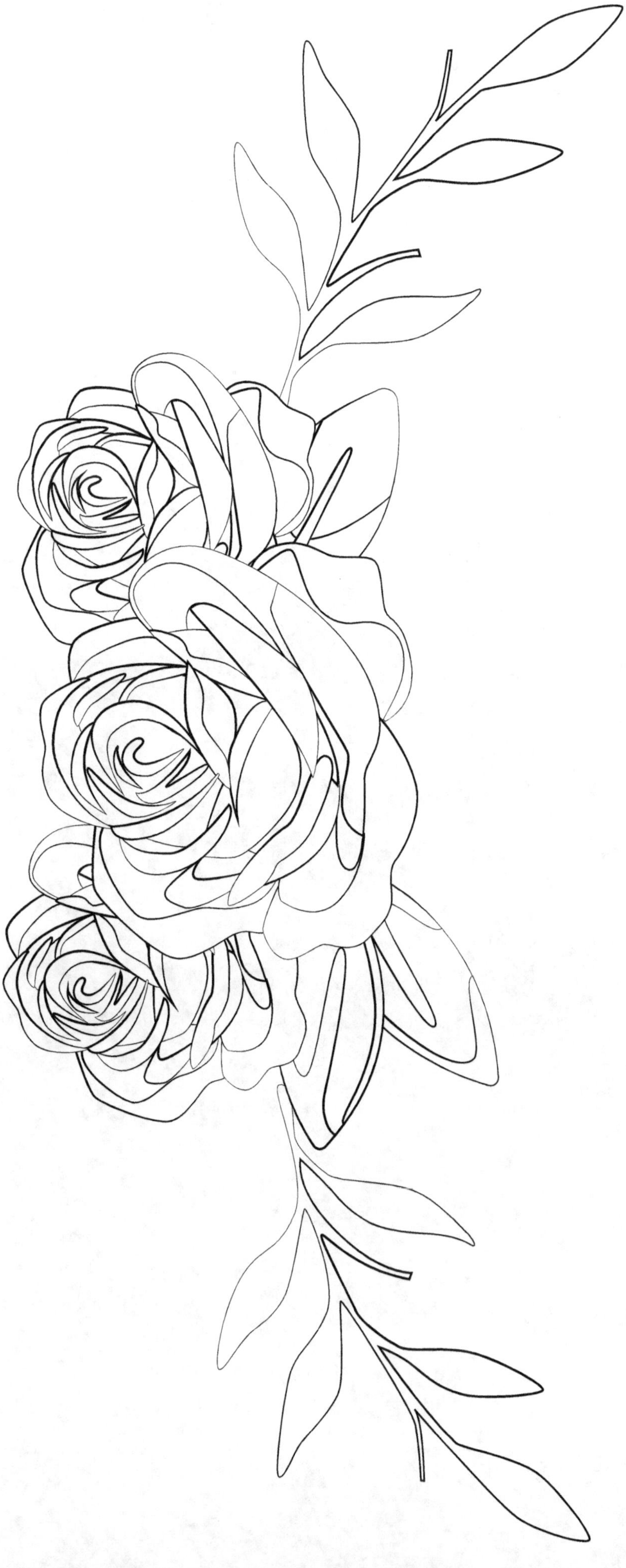

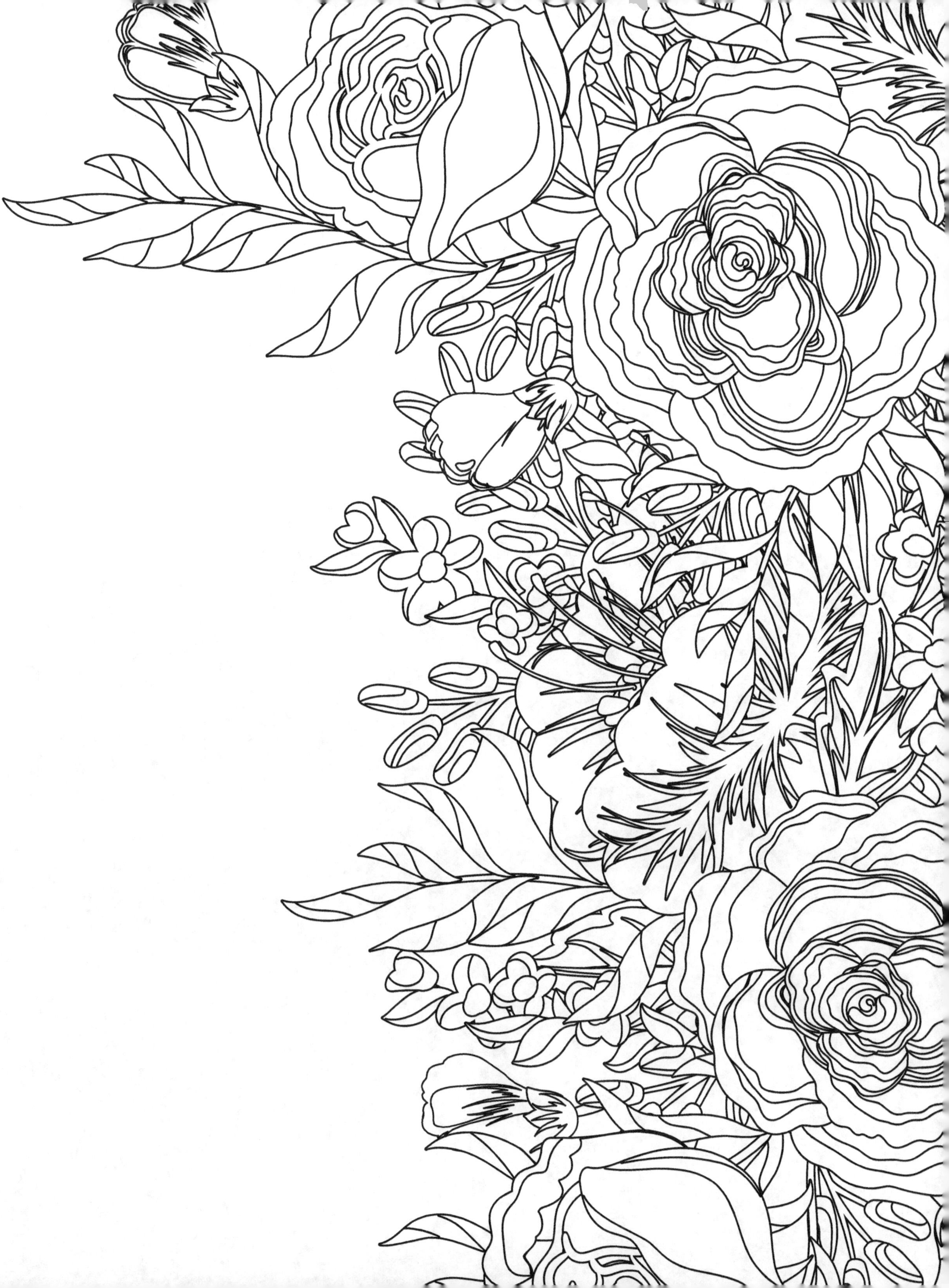

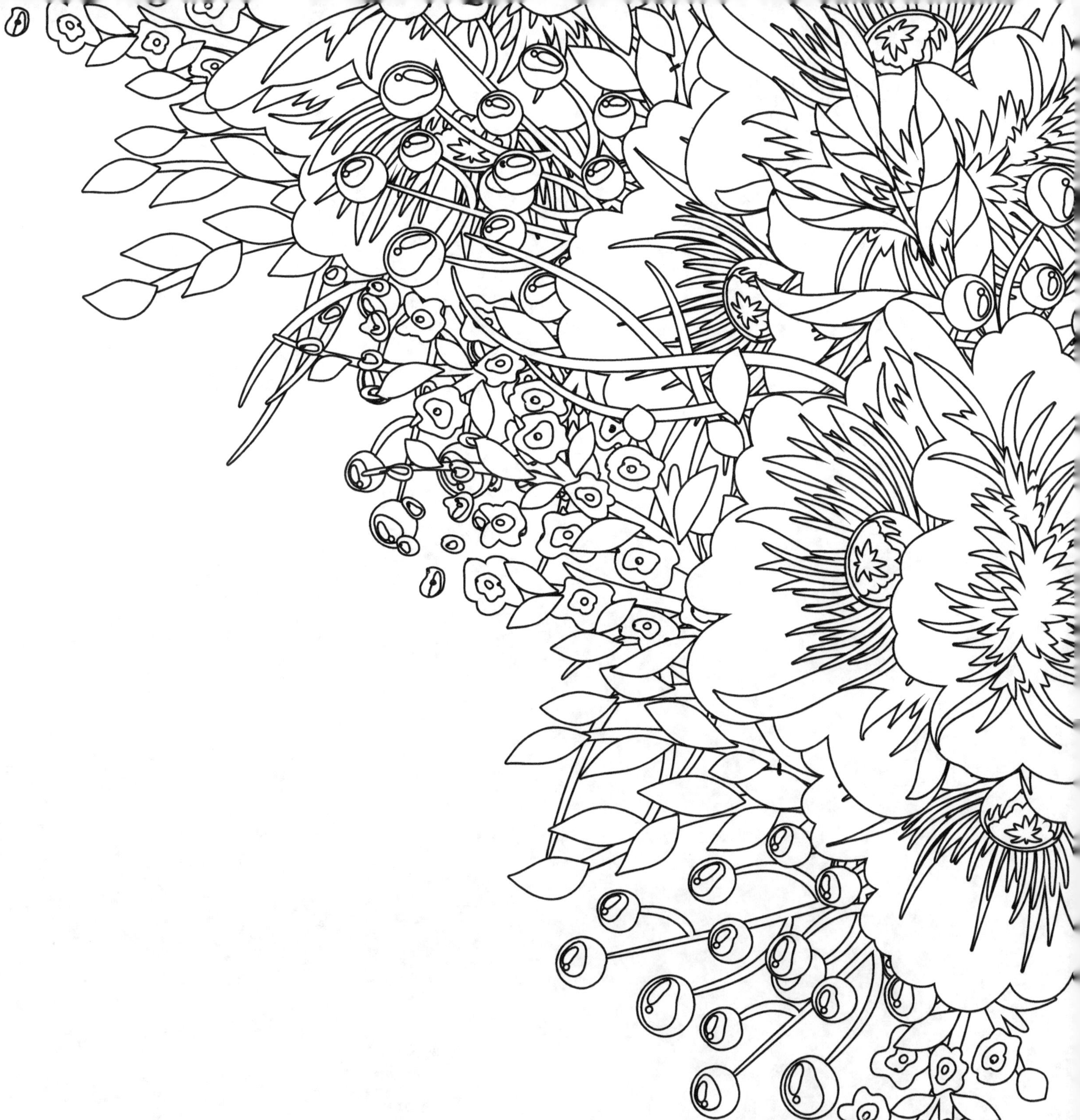

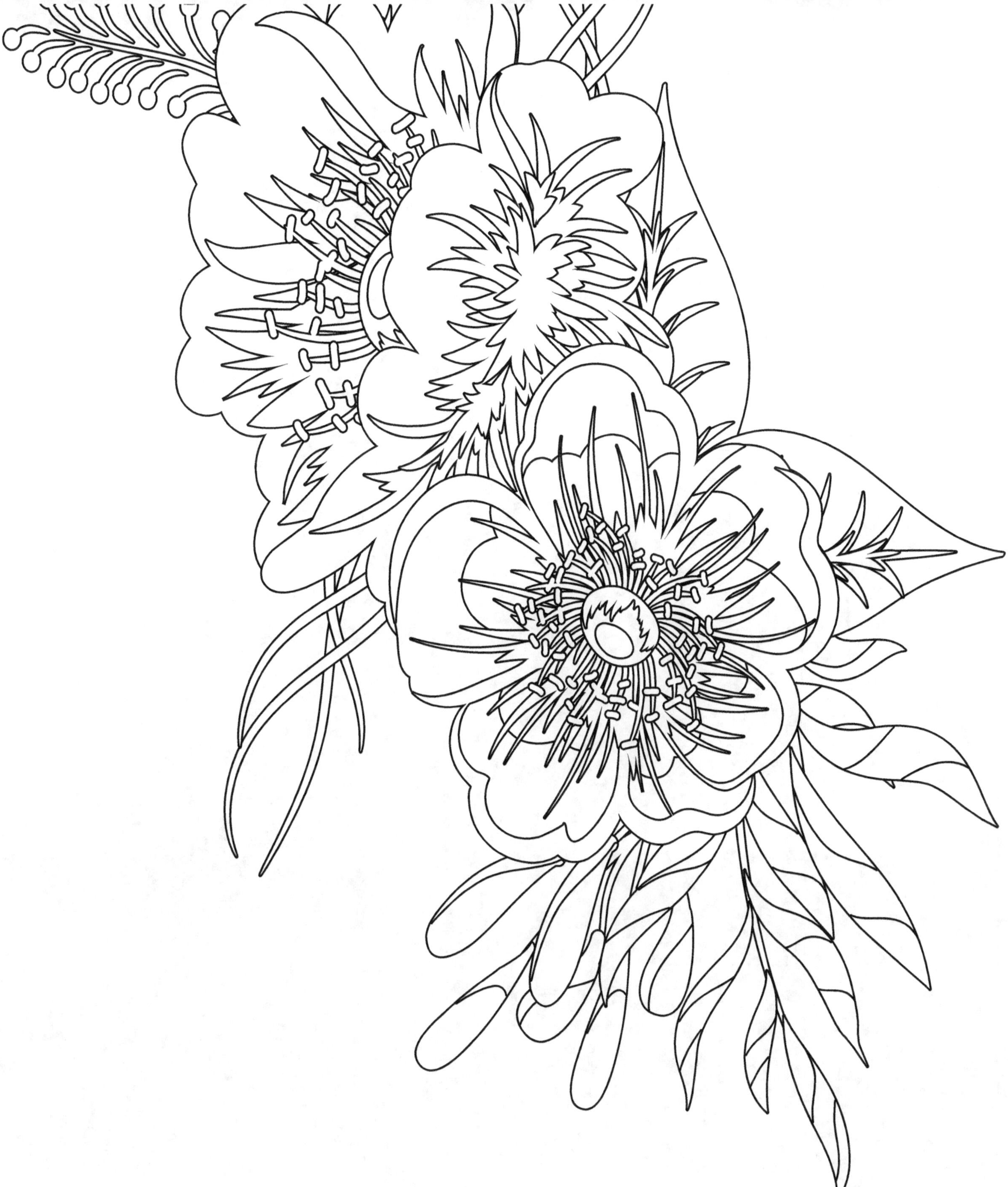

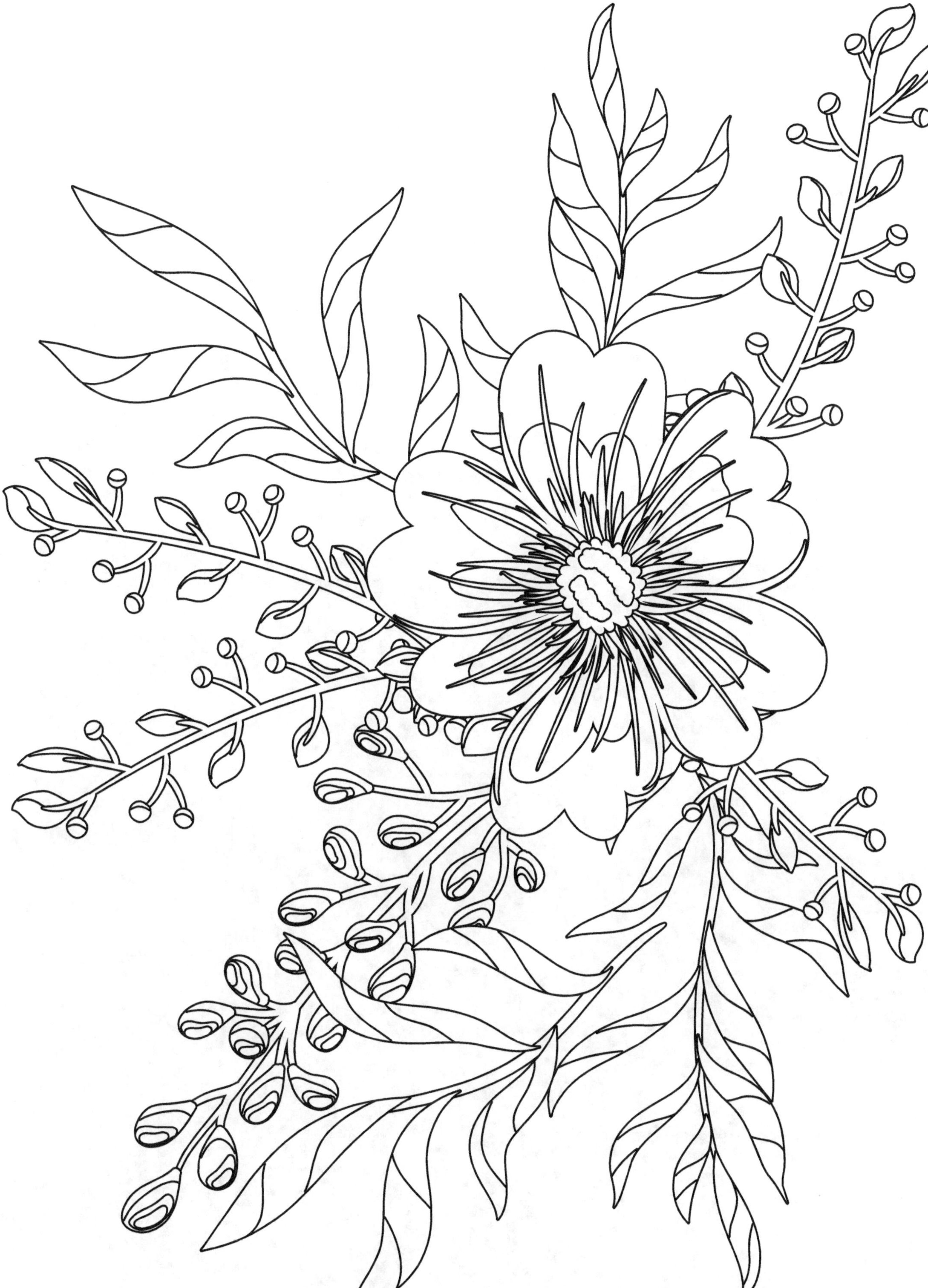

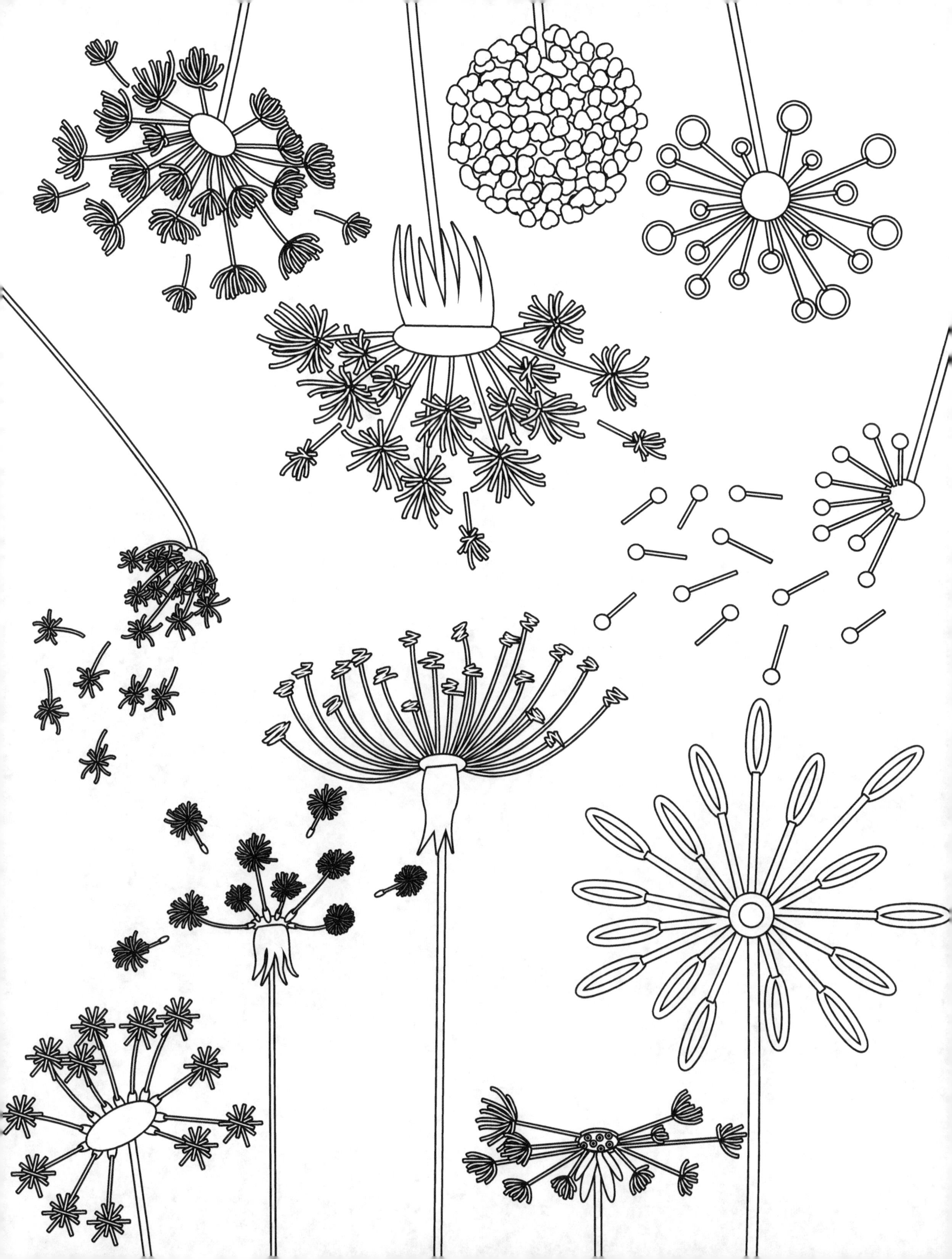

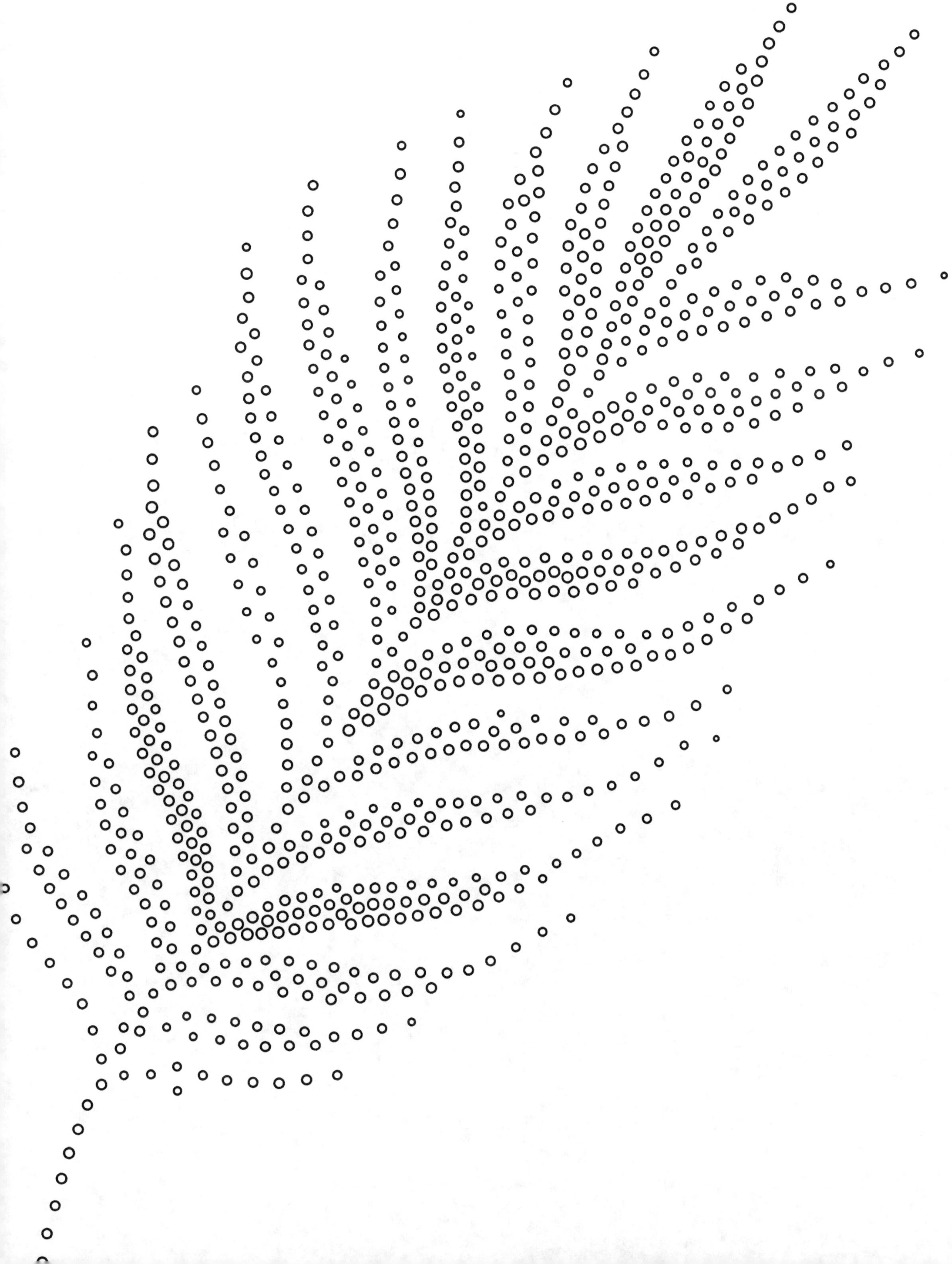

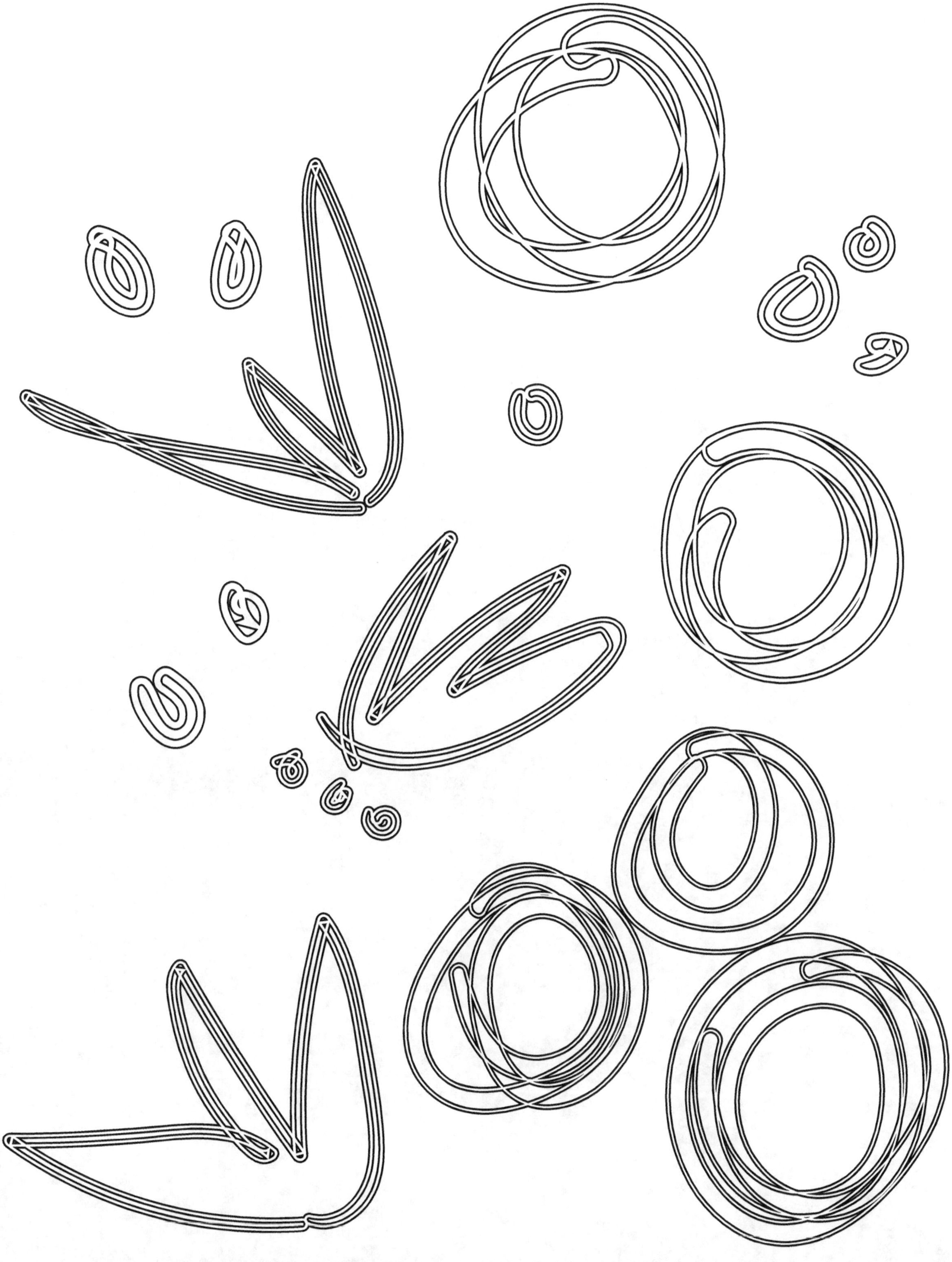

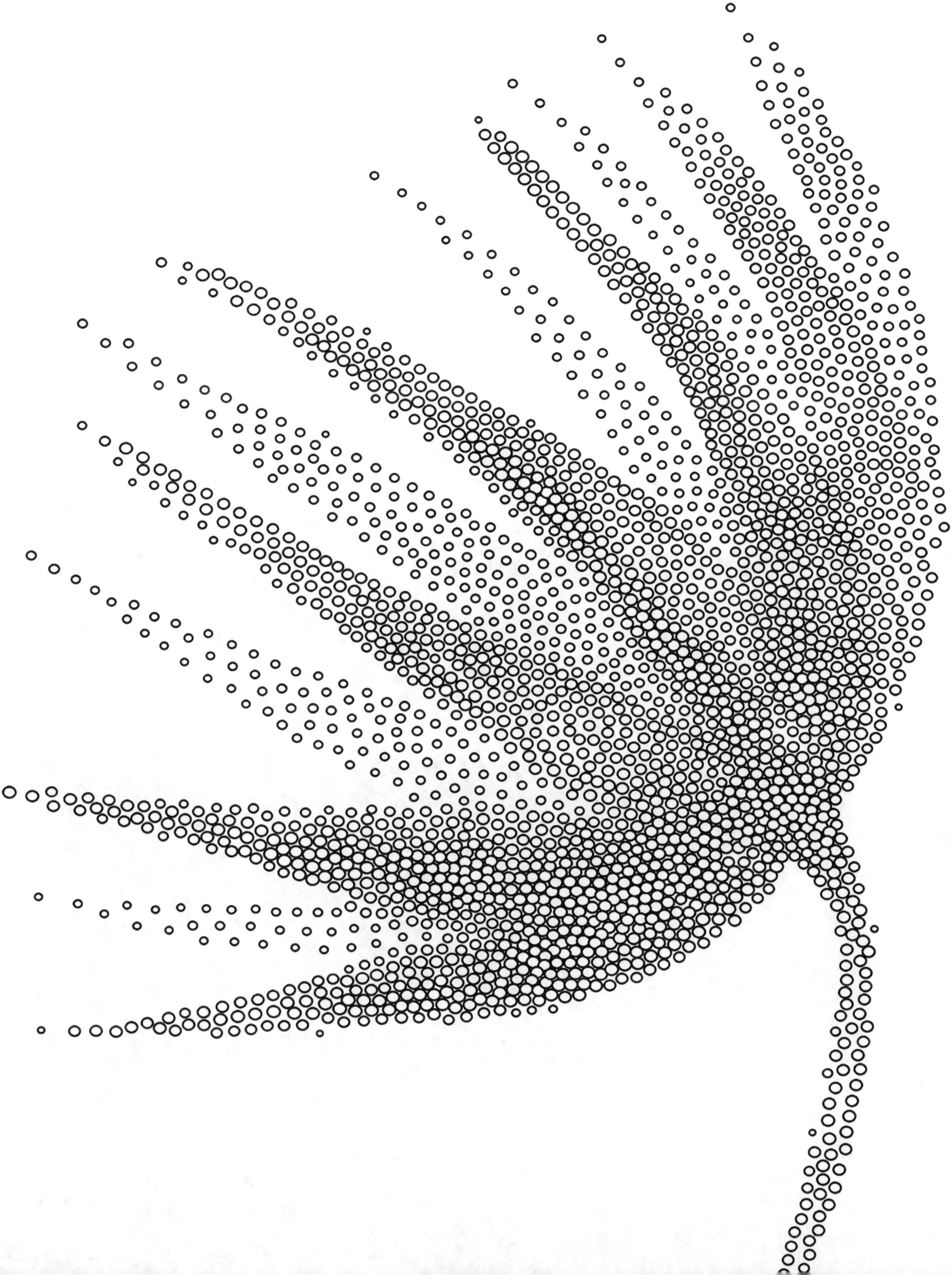

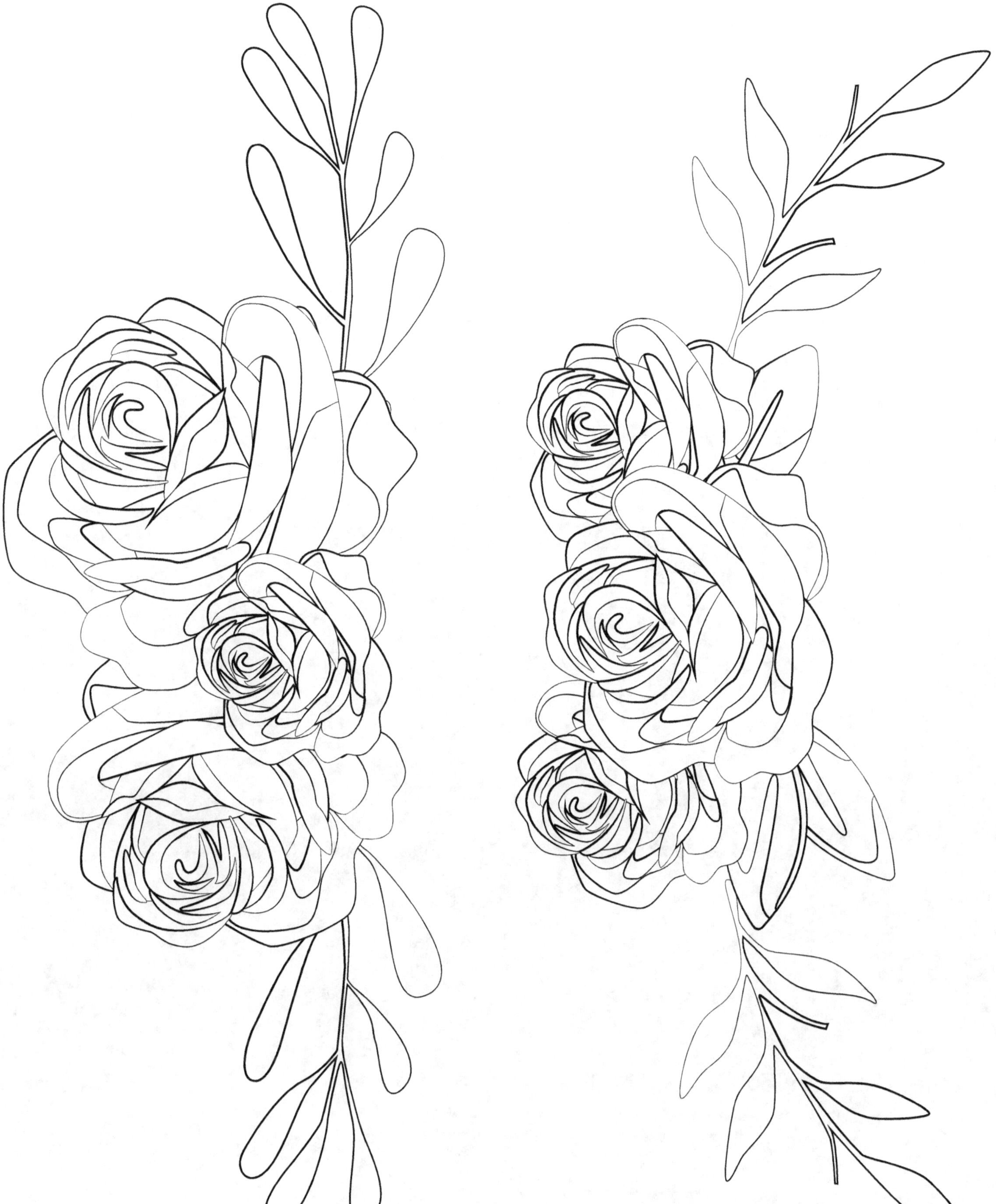

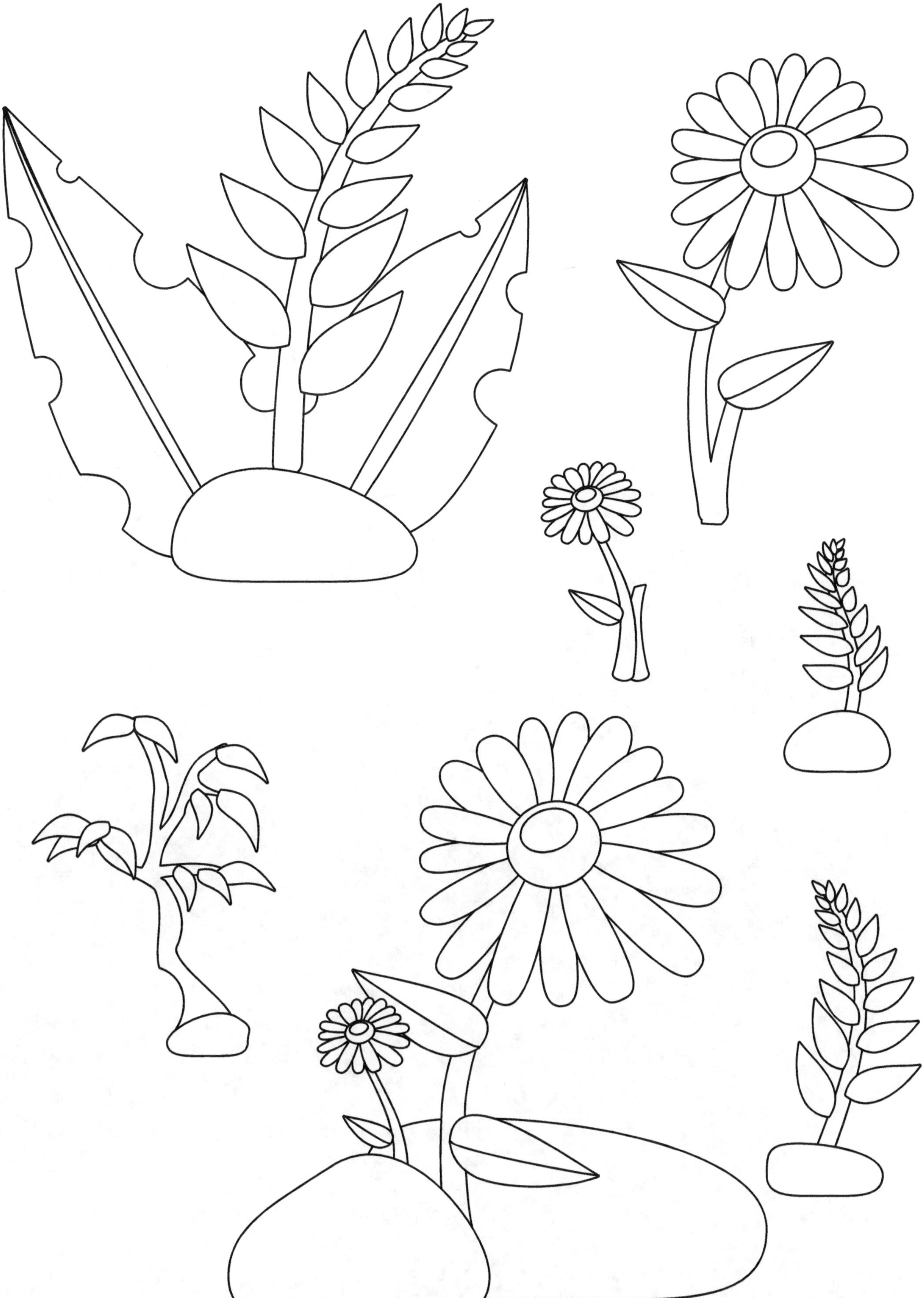

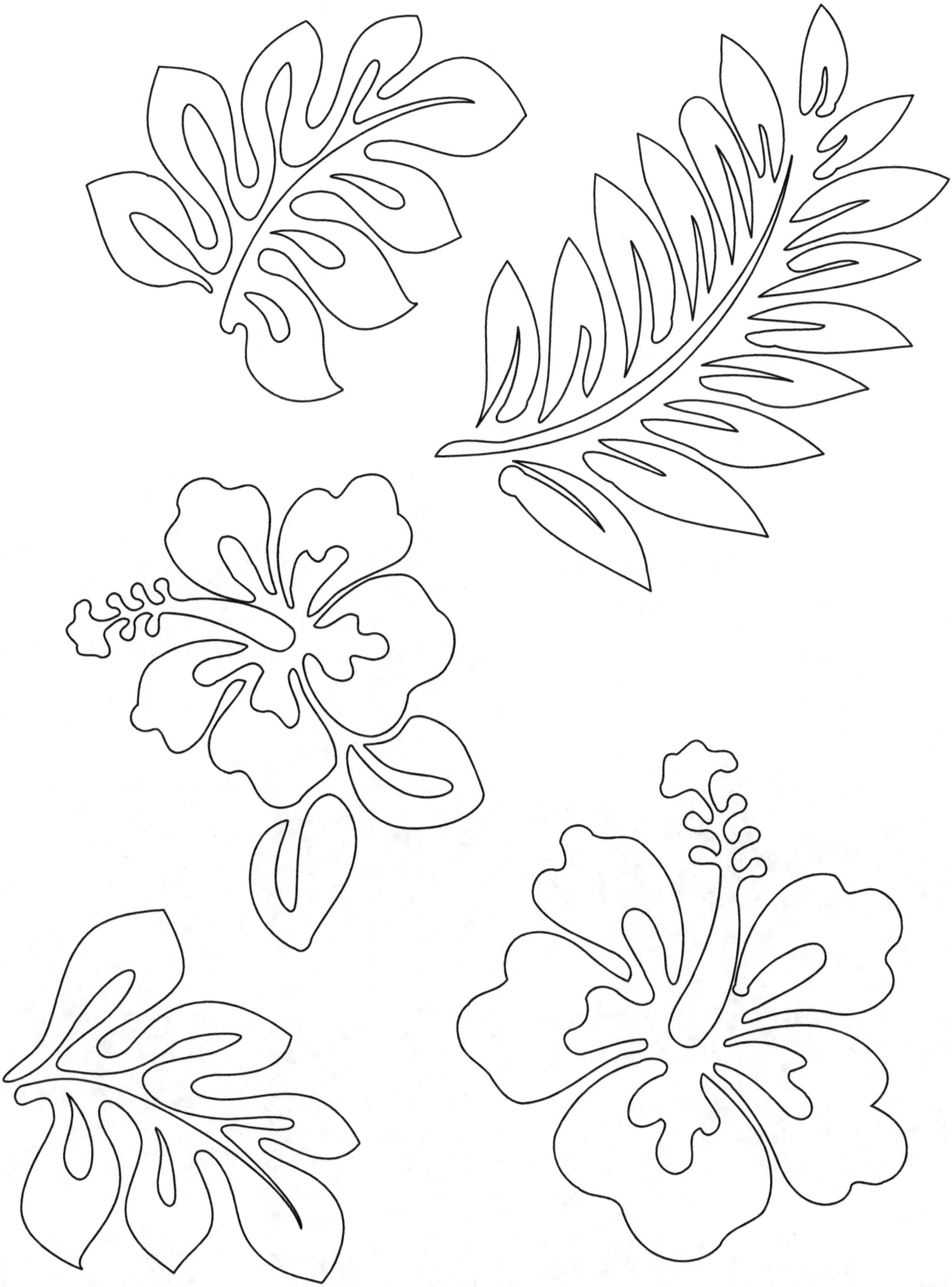

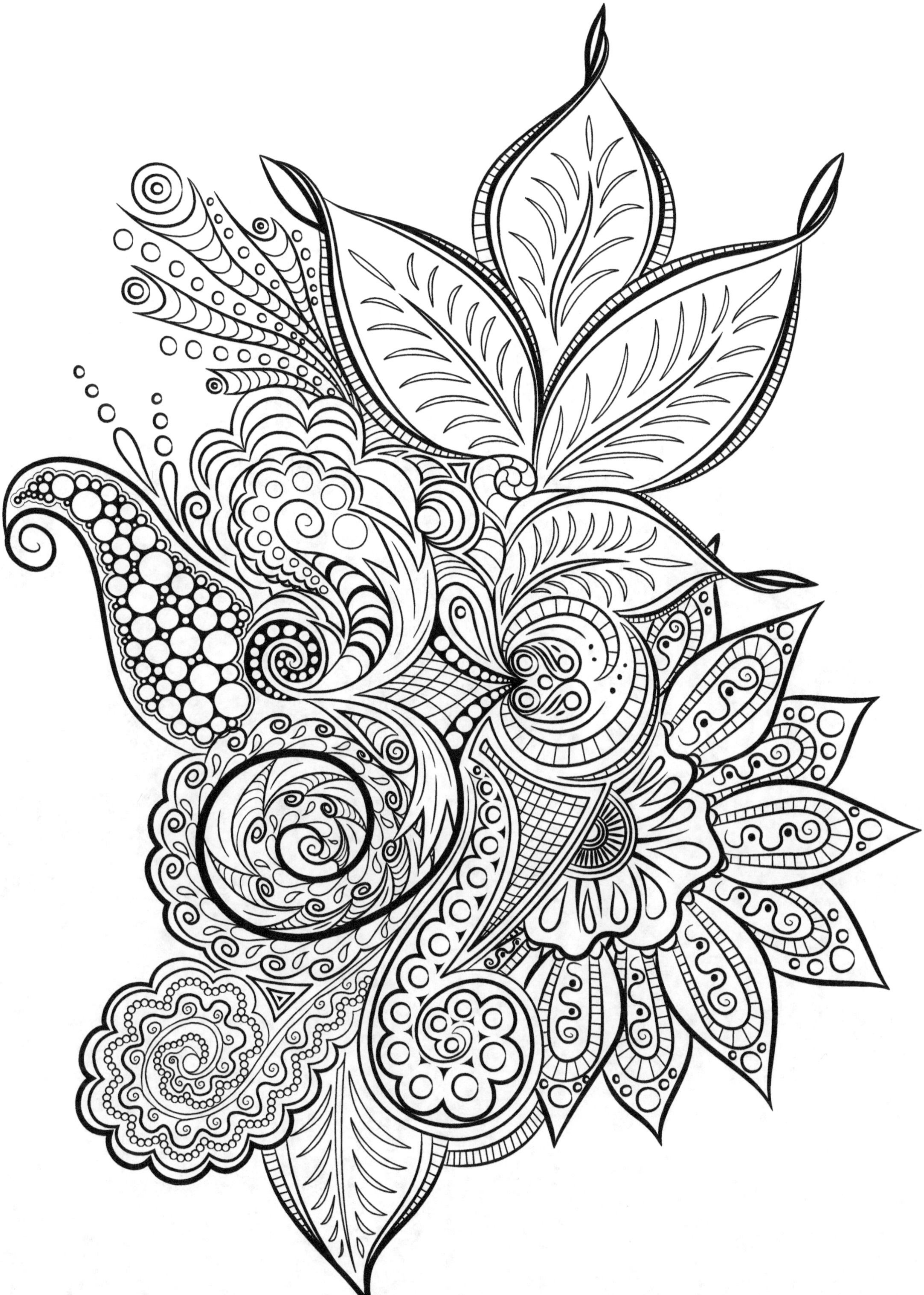

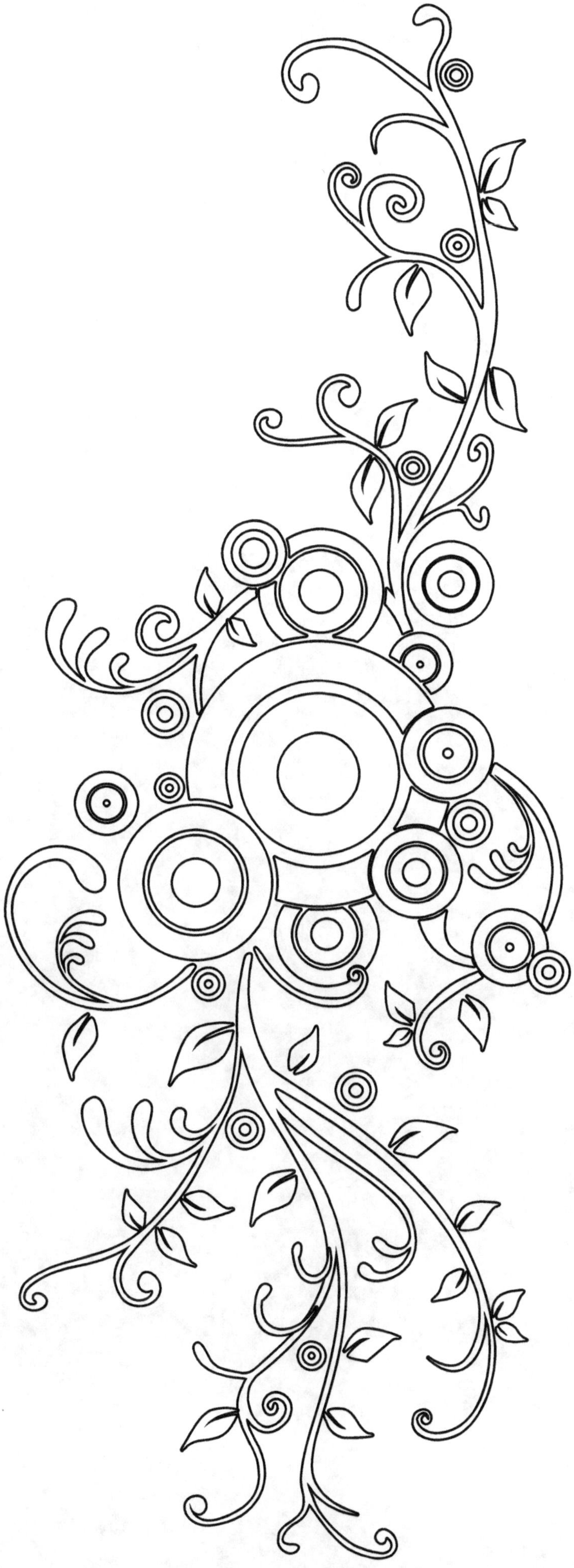

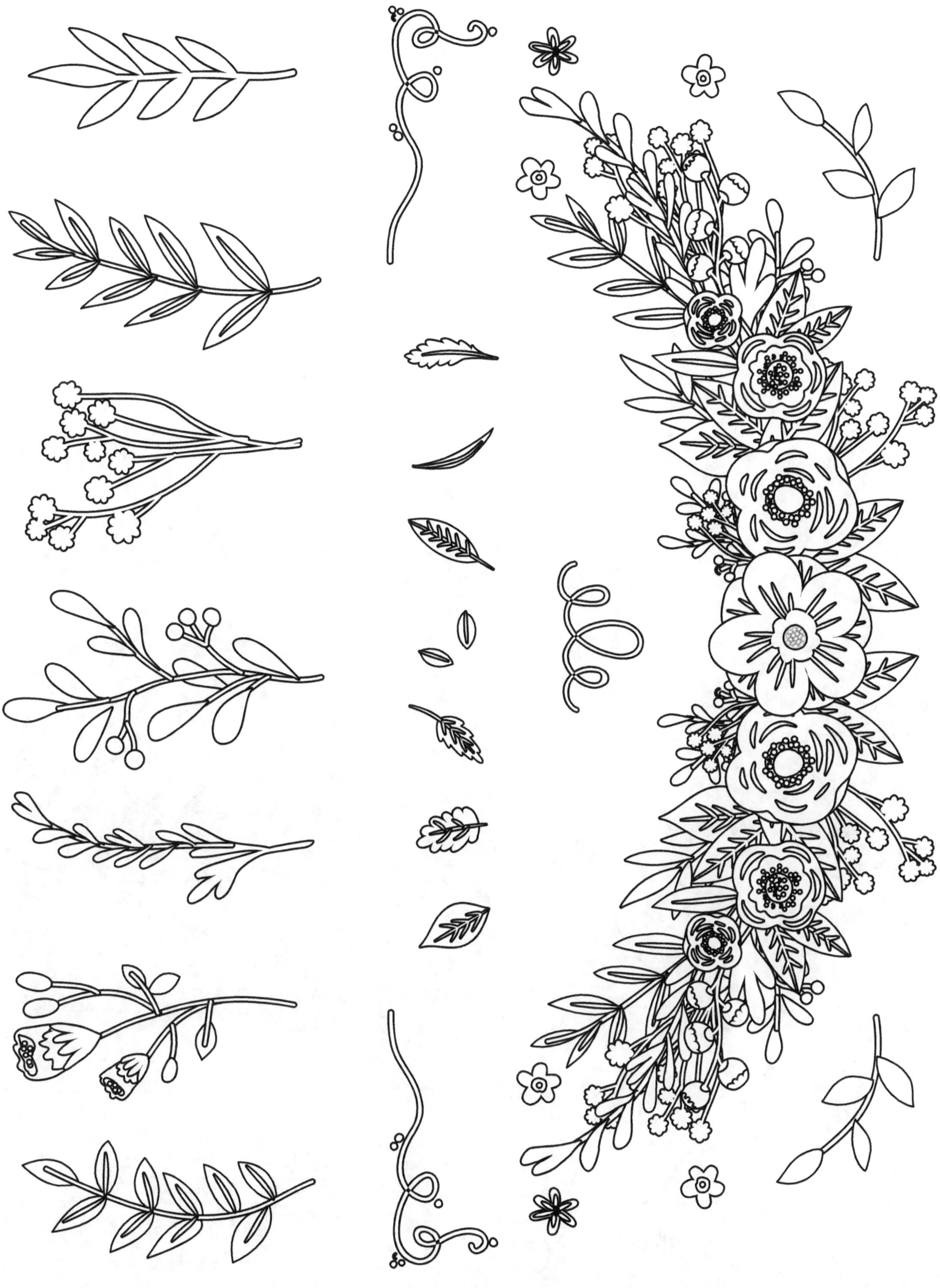

www.ingramcontent.com/pod-product-compliance
Lightning Source LLC
Chambersburg PA
CBHW081009170526
45158CB00010B/2972
* 9 7 8 1 0 7 5 1 5 1 9 5 8 *